CHINESE CALLIGRAPHY EDUCATION VII

（七）

主编　郑晓华

编者　湖南美术出版社现代美术教育研究所

CS | 湖南美术出版社
全国百佳图书出版单位
·长沙·

书法教育古已有之，从商代留下的甲骨文习字刻辞可以看出，其有只书不刻的练习和直接锲刻成的示范供学生临摹，二者可能是用于学习者在巫师指导下进行锲刻的专业性训练。西周教育实行"六艺"，包含礼、乐、射、御、书、数。其中"书"是指文字读写，这时的书法教育已经拥有了固定的范本，据传太史籀用大篆作字书十五篇，作为启发童蒙的识字课本，由此，书法教育已趋规范。秦朝，天下一统，实行"书同文"的政策，并将李斯所作《仓颉篇》、赵高所作《爰历篇》、胡毋敬所作《博学篇》作为"小学"中文字教育和书写教育的范本，全面推行小篆，三篇字书后被统称为"秦三仓"。秦朝虽国祚不长，但在统一文字方面做出了突出的贡献。

西汉，虽官方仍使用篆书，但隶书已在民间普及，秦代三篇字书已不能满足教学所需，故经整理合为一章，称为《仓颉篇》，其与黄门令史游的《急就章》（又名《急就篇》）共同成为汉代学童学习文字和书法的范本。至东汉，最早的文学艺术大学——鸿都门学（因其位于洛阳鸿都门内，故称鸿都门学）正式设立，其专授辞、赋、书、画，学子通过举送进行选拔性考试，学成后多被授予高官。鸿都门学一时非常兴盛，学生多达千人。鸿都门学的设置，虽招致士大夫激烈反对，但促使书法教育上升为独立的艺术教育，并与这一时期草书的盛行一起，标志着书法已从文字观念约束中解放出来，冲破了太学自建立以来将经学作为唯一教育内容的樊篱，是一个创举。

唐代，书法教育兴盛。东西两京国子监专设"书学"一门，培养书法人才，以《正始石经》《说文解字》《字林》为范本，学子学成考试合格后被授予官职。同时期的科举也与书法教育有着较大的联系，文字和诸体书法是分科取士中"明书"一科的主要考试内容。铨选官员也有"身、言、书、判"的"四才"标准，其中的"书"就要求"楷法遒美"。

宋代，随着以书取士和官员书法考核的取消，士子们开始模仿当世名家的书体，形成当时特有的"趋时贵书"现象。同时，《淳化阁帖》等刻帖的盛行，大大地开阔了学书者的眼界，学帖成为一种社会风气，开"帖学"之先河。

元代，赵孟頫所倡导的复古书风盛行，使宋代"尚意"的个人书风复归"二王"，回到传统书法的轨道当中。"师法魏晋"是新的书法教学风潮，落实在书法教育方面就是全面恢复古法，追寻"二王"笔法，如吾丘衍的《学古编》等，对后世产生了积极的影响。

明代，书法发展分为三个时期。明初的"中书舍人"一职，主要承办内阁交付的誊写工作，以"三宋""二沈"（"三宋"指宋克、宋广、宋璲，"二沈"指沈度、沈粲）为代表，其书法被称为"台阁体"，为当时官员、学子所效仿；明中期以来，吴门书派、云间书派等地域书派崛起，他们刊刻的字帖丰富了书法范本，如文徵明等编的《停云馆帖》和董其昌编的《戏鸿堂帖》；明代晚期，以王铎、傅山等书家为代表的书法，打破了以往行草书的书写习惯和书写风格，大大拓展了行草书的艺术表现力，在中国书法史上影响深远。

清代，科举十分重视卷面的干净整洁，"馆阁体"在当时十分盛行，也是读书人必须学习和掌握的，但这种字体在各个时期又因帝王的好恶表现出不同的特征。其总体上工整规范，讲究"乌、方、光"，故清代书法教育不管是官办课程还是私塾传授，皆需要达到工整规范的书写效果。

民国时期，书法教育延续了"师徒授受"的传统，同时在"西学东渐"浪潮的影响下，出现了新式学堂。虽然教育体系并不完备，但学校式书法教育兴起，能清晰把握教学方向，明确学生发展规划，完成既定教学任务，为当代书法教育奠定了基础。

2013年，《中小学书法教育指导纲要》正式出台，义务教育阶段小学三至六年级正式开始普及书法，书法真正走入当代中小学课堂，这对提高中小学生汉字书写能力，传承中华优秀传统文化，都有着极其重要的作用。书法教育虽自古已有，但书法教育的理论尚不完善，许多教师也并非书法专业出身，故他们面对全新的书法课本和陌生的书法课堂常常手足无措，不知如何开展教学。

《中国书法教育》是湖南美术出版社针对中小学书法教师打造的书法教育类综合性读物，以展现当代书法教育的实践及理论研究成果为主，旨在推动当下中小学书法教学实践及相关教育理论研究的开展，为身处书法教育一线的教师、书法教育专家与书法教研工作者构建一个互动平台，以便更好地应用书法教材，促进学校式书法教育更好地开展，并为书法教育学科的建设、发展服务。

全书呈现给读者的主要内容大致由五部分构成。

第一部分"专家话题"，是当代书法教育界的知名专家对书法教育的所感所想。本期中国人民大学教授、中国书法家协会原秘书长郑晓华先生《中国书法：时代·机遇·挑战》一文从历史渊源、时代背景、文化视角出发，为中国书法传承、书法教育发展指出了方向；上海大学上海美术学院唐楷之教授《立德树人 书学焕采——欧阳中石先生书法教育思想略论》一文回顾并总结了欧阳中石先生的书法教育思想，为当代书法教育研究提供了重要研究资料。

第二部分"高校论坛"，主要是高校书法教师、书法专业研究生针对书法专业领域的学术研究成果。本期收录了北京印刷学院李剑锋的《"每课一字"通书法——于右任"标准草书"对当代书法教育的启示》，中央美术学院梅丽君的《"人书俱老"内涵研究》，中国人民大学王蓉的《"古"与"真"之间——心学语境下徐渭书学之"本色"》，青岛科技大学艺术学院陈彤、肖鑫的《交游与作伪——北宋丹徒葛繁、葛蕴、葛藻人物考》。这些论文从不同层面反映了他们对书法教育、书法学术的研究成果。

第三部分"一线来风"，选录了来自不同地区书法教育一线的书法教育工作者的文章，如：北京市海淀区锦秋学校张钰老师的《义务教育阶段书法教育的多学科融合》，中国科学技术大学附属中学马慧宾老师的《浅谈对新时代背景下的书法基础教育现状和转型的思考》。他们结合教育教学实践，从书法的多学科融合、现状与转型到书法课程的有效开展提出自己的思考，为我们提供了第一手资料。

第四部分"海外之言"，收录了意大利博洛尼亚大学翻译学院 Daniele Caccin（大乐）的《书论翻译中的策略——以孙过庭〈书谱〉的六种译文为例》。该文以《书谱》的六种译文为例，从古书论翻译的角度归纳策略，分析得失，为中华优秀传统文化的海外传播提供了宝贵经验。

第五部分"课堂实录"，主要收录来自基层中小学书法教师的优秀教案与课例。本期选了长沙市雨花区砂子塘万境水岸小学杨萍老师的《四年级（上）第15课 认识楷书（二）》，中国人民大学附属中学海口实验学校谢思嘉老师的《"清廉文化进校园"书法主题课程：集字临摹练习——清正》，供大家交流参考。

当下的中国，正处于书法教育方兴未艾的时期。《中国书法教育》要背负起时代使命，发挥积极作用，为书法教育建言献策，为书法教育学科提供素材，方不辜负各界的期许。

本书编纂匆忙，难免有遗珠之憾，敬请相关学者、教育专家、一线教师指正。

湖南美术出版社现代美术教育研究所

# 目 录 Contents

## 海外之言

## 课堂实录

## 名帖赏析

# 中国书法：时代·机遇·挑战

文／郑晓华　中国人民大学艺术学院

**摘要：**书法是以汉字为载体，通过具有特殊笔墨情韵的汉字形象的创造，表达艺术家思想、情感和审美理想的艺术。在世界艺术体系中，先民不仅把书法培育成一种广受大众喜爱的视觉审美艺术，更把它涵育为一种升华生命境界、凝聚民族公共价值、维系民族命运共同体的文化纽带，一种"参天地之化育"的"道"。近代中国经历了屈辱的历史，在民族危机面前，中国知识界曾经相当焦虑乃至于自卑，"汉字落后论"使书法沦于尴尬境地，书法生存延续面临严重危机。

在新的起点上继续推动文化繁荣、建设文化强国、建设中华民族现代文明，是我们在新时代新的文化使命。讲好中国故事、传播好中国声音，书法艺术大有可为。贯彻新发展理念，构建新发展格局，实现高质量发展，人才培养是关键，书法教育要先行。

**关键词：**书法学科　时代　机遇

习近平总书记在文化传承发展座谈会上发表重要讲话时提出：在新的起点上继续推动文化繁荣、建设文化强国、建设中华民族现代文明，是我们在新时代新的文化使命。要坚定文化自信，担当使命、奋发有为，共同努力创造属于我们这个时代的新文化，建设中华民族现代文明。

党的二十大报告指出：中国式现代化是物质文明和精神文明相协调的现代化。我们要坚守中华文化立场，提炼展示中华文明的精神标识和文化精髓，加快构建中国话语和中国叙事体系，讲好中国故事、传播好中国声音，展现可信、可爱、可敬的中国形象。深化文明交流互鉴，推动中华文化更好走向世界。

书法艺术是中华民族艺术精粹、中国艺术的典型代表。在世界文明多样化的版图中，作为中国艺术的文化标识和典型符号，书法在新时代中国式现代化精神文明建设和世界文明多样化中华文明特色构建中，一定大有可为。

## 一、在世界各国艺术体系中，只有中国人把实用工具书写开掘发展为一门纯艺术。书法在中国不仅是一种大众喜爱的视觉审美艺术形式，更是一种公共文化价值追求，是"参天地之化育"、维系民族命运共同体的公共文化价值纽带

书法是以汉字为载体，通过具有特殊笔墨情韵的汉字形象的创造，表达艺术家思想、情感和审美理想的艺术。

各国文字也都会有手写体，在英文中也都称"书法"（calligraphy）。但由于表音文字简单，形式所限，他们的"书法"大都停留在"装饰艺术"范畴，没有成为"纯艺术"（pure art）。而中国书法，至少在东汉中后期，已然在"实用艺术"功能之外，发展出"纯艺术"审美的倾向。东汉灵帝时期大书

法家师宜官，经常不带钱到酒家吃饭，吃完了就在墙上作"壁书"表演。他的名声很大，粉丝很多，一听说他在这儿现场作书，大家蜂拥而来，结果酒店销量大增。他感觉饭店利润够支付他饭钱了，就把墙上的字擦了，表演结束。这一则故事，说明东汉后期民众已普遍接受书法的"纯艺术观赏"，书法美可以"销售"，可以有"票房"。当时的书法，在服务生活的"实用功能"之外，已发展出服务审美的纯艺术倾向，人们认可书法是"观赏性艺术"。

差不多同一时期，在西北敦煌郡，还发生了一件惊动全国教育界的事。有"草圣"之誉的大书法家张芝，改造了早期草书——将章草字字独立的写法，改为上下连绵，甚至一笔数行，气势一贯，大大地提升了书法的抒情性。他的这一艺术革新，意外引发了一场"教育危机"。因为改造后的草书太抒情了，习草狂潮席卷西北，使得不少"官学""私学"教师、学生痴迷书法，不能自拔。他们"慕张生之草书过于希孔、颜焉"，对草书的痴迷超过了对孔子、颜回的情感。这些学生不好好读经，却沉迷书法，"专用为务，钻坚仰高，忘其疲劳，夕惕不息，仄不暇食。十日一笔，月数丸墨。……虽处众座，不遑谈戏，展指画地，以草刬壁，臂穿皮刮，指爪摧折，见䚡出血，犹不休辍"。当时学者赵壹见此，忍无可忍，愤而写了一篇讨伐草书的檄文，这就是历史上著名的《非草书》。赵壹痛斥"草书无用"："乡邑不以此较能，朝廷不以此科吏，博士不以此讲试，四科不以此求备，征聘不问此意，考绩不课此字。善既不达于政，而拙无损于治。"认为学生应该迷途知返，痛改前非，停止书法修习。

但历史有时就是这么奇怪，你越是要禁止它，却越是促进它的流行。草书从知识界风靡全国，很快形成全国性的学习浪潮，系统的草书语言被广泛接受，书法的抒情性进一步得到社会认同。书法艺术在草书大行于世中，实现了从"实用"到"纯艺术"的"凤凰涅槃"。从此，中国书法走上了中国文人艺术的大舞台，千年繁荣，万树千枝，枝繁叶茂，成为中国文化艺术史一大景观。

师宜官的成功"商展"和张芝的"审美征服"故事，显示了书法艺术初登艺术舞台时的非凡张力和穿透力。但中国书法的影响远不止于此。在中国浩渊深博的传统文化精神滋养下，中国书法循"诗书教化""成风化人"的传统，在艺术审美和技术规范的构建中，巧妙地吸摄母体文化的精神内核，把中华文化"崇德尚艺"理念和"参天地之化育"文化价值观融合在"兔起鹘落""铁画银钩"的一笔一画挥运技术中，实现了从"技术"到"文化"劝喻的隐性嵌入。书法成为类似米歇尔·福柯（Michel Foucault）所提出的人类生存美学"自身技术"：在生活艺术化、艺术生活化、人生审美化的进程中，人不断进行自我观照、认知、改造，由此获得走向"理想生存境界"的自由。唐孙过庭在《书谱》中提出书法要"和而不同""违而不犯"；明代项穆在《书法雅言》中提出书法要有"宣尼（孔子）德性"，要"道气德辉，蔼然服众，令人鄙吝自消"，这都是儒学价值观向书法艺术美学"隐匿式"嵌入的典型话语。这些思想和价值观的嵌入，经过千年岁月的筛选过滤和整合，成为中华民族审美的文化定势，使书法在中国不仅成为一种大众喜爱的视觉审美艺术，更是"以美育代宗教"（蔡元培），成为一种全民性"修身养性"的公共信仰：追求以德养书、由内向外、字如其人。由此，书法突破了其单一视觉艺术的意义，而成为"参天地之化育"、维系民族命运共同体的公共文化价值纽带，甚至是民族文化的独特标识。

## 二、近代中国经历了屈辱的历史，在民族危机面前，中国知识界曾经相当焦虑乃至于自卑，"汉字落后论"使书法沦于尴尬境地，书法生存延续面临严重危机

在世界文明史上，中华文明曾经领先世界。但欧洲文艺复兴和启蒙运动之后，近代科学突飞猛进，处于小农经济巅峰的明王朝以及为自身安全实行闭关锁国政策的清王朝，反而故步自封，没有及时跟上世界潮流，科技文明发展逐渐落后于世界，于是后来有了 1840 年后的惨痛经历和屈辱历史。近代知识界反思中国文化，探究中国落后根源，历史在这里出现了一点曲折，那就是有一部分知识精英误把中国落后的根源归结为汉字太复杂，耽误教育、贻误民智，因此就有了近代历史上著名的"汉字落后论"和"汉字拉丁化"运动。

1922 年，钱玄同、赵元任等在《国语月刊》"汉字改革号"上首次提出"汉字拼音化"的动议，并拟订了罗马字方案草案。钱玄同认为，汉字是中国落后罪魁祸首，"欲使中国不亡，欲使中国民族为二十世纪文明之民族，必以废孔学、灭道教为根本之解决，而废记载孔门学说及道教妖言之汉文，尤

为根本解决之根本解决"。

瞿秋白认为，中国现代语言发展的情形，已经必须要采用拼音制度，必须要最彻底的文字革命，就是完完全全废除汉字。只有这样，方才能够摆脱汉字的一切束缚而进步起来，使中国的文字一天天丰富，无论在文学方面和一切科学方面，都能够适应现代的社会生活。1928 年，瞿秋白完成《中国拉丁化字母》，其后，吴玉章和林伯渠等人以该书为基础，制订了中国拉丁化新文字方案。1935 年 12 月，中国新文字研究会在上海成立，草拟了《我们对于推行新文字的意见》，由蔡元培、鲁迅、郭沫若、陶行知、茅盾等 688 位知名人士共同签名发表，向全国介绍推广"拉丁化新文字"。《我们对于推行新文字的意见》提出："中国已经到了生死关头，我们必须教育大众组织起来解决困难。但是这教育大众的工作，开始就遇着一个绝大难关。这个难关就是方块汉字。方块汉字难认难写难学……"

根据西方文字学理论，世界各文字体系都要经过三个发展阶段：第一阶段是古老、原始、落后的形意文字，起源于原始图画字；第二阶段是意声文字，文字开始摆脱原始图形象征，向表音文字过渡；第三阶段是拼音文字或字母文字，这是文字的高级阶段，为人类信息交流提供最大的便利。西方文字学家认为，汉字还在形意文字阶段，是原始落后的文字。其实各国文字发展，都有自己独特的"语境"。中国文字之所以长期沿用音、形、义结合的汉字，其中重要原因是中国地域辽阔、方言众多，非音、形、义结合不能体现文字自身功能。受西方文字学理论影响，国内一些著名文字学家，到 20 世纪 90

年代著文，还坚持中国文字必须走拼音化的道路。

"汉字落后论"笼罩了中国文化界半个多世纪，其重要表现就是一次次对汉字进行"简化"，当时认为：文字必须改革，要走世界文字共同的拼音化道路；确定中国文字改革的三大任务：简化汉字，推广普通话，制订和推行汉语拼音方案；通过一次次简化，逐渐向"拼音文字"过渡。根据历史文献，1949 年毛主席访问苏联，曾问斯大林，中国搞文字改革，应该怎么办？斯大林说，你们是一个大国，可以自己创造一种字母。毛主席回国后就指示创造民族形式的字母，搞了三年不成功。吴玉章说，恐怕还是用罗马字母比较好，毛主席同意了，后来又经党中央开会通过，才决定采用罗马字母。20 世纪 80 年代开始国家拨乱反正，各方面走上正轨，"传统文化热"兴起，加上汉字信息处理技术的跨越式发展，促使国家各层面重新评估文字改革问题。1985 年，中国文字改革委员会改名为国家语言文字工作委员会，并宣布今后文字要保持一定的稳定性。新文化运动以来甚嚣尘上的对汉字的否定，终于尘埃落定，告一段落。

20 世纪文化界与"汉字是否应该放弃"并行的另一场论争是"书法作为艺术是否成立"。西方高等教育学科表中，艺术学科没有书法。因为西方字母书法就是一种装饰工艺，构不成一门独立艺术。但是中国书法情况不一样。从东汉开始，它作为艺术进入中国人精神生活已经近两千年。于是学者间经常发生论争。这里可举当时文化界两个大人物作代表。

一个是维新运动的风云人物梁启超。梁启超变法失败后，流亡海外，进入民国后归国，1925 年与王国维、陈寅恪等受聘为清华国学研究院导师。梁启超深谙书法，精碑学，他认为书法当然是艺术。1927 年，梁启超应邀到清华学校教职员书法研究会作演讲，在演讲中他说："美术，世界所公认的为图画、雕刻、建筑三种。中国于这三种之外，还有一种，就是写字。"他认为，中国人写字有四美：线的美，光的美，力的美，表现个性的美。他还说，美术的一种要素，是在发挥个性，而发挥个性最真确的，莫如写字；如果说能够表现个性，就是最高美术，那么各种美术，以写字为最高。

持反论的，是在五四新文化运动中很活跃，新中国成立后在政府担任重要职务，为新中国文学、文物、文化、出版事业做出重要贡献的著名社会活动家、作家、学者郑振铎。

1933 年 4 月 29 日，北京大学法文系主任梁宗岱曾邀请朋友聚餐，其中有朱自清、郑振铎。朱自清在日记中记道："晚赴梁宗岱宴，……振铎在席上力说书法非艺术，众皆不谓然。"

1948 年 8 月 17 日，朱自清去世后五天，郑振铎撰悼文《哭佩弦》，文中特别提到此事："将近二十年了，我们同在北平。有一天，在燕京大学南大地一位友人处晚餐。我们热烈的辩论着'中国字'是不是艺术的问题。向来总是'书画'同称。我却反对这个传统的观念。……临走的时候，有一位朋友还说，他要编一部《中国艺术史》，一定要把中国书法的一部门放进去。我说，如果把'书'也和'画'同样的并列在艺术史里，那末，这部艺术史一定不成其为艺术史的。"

民国时期文化教育界的这一论争，在部分学者的笔记文章里，还可以找到一些佐证。如著名美学家朱光潜在1932年留学英国期间写了《谈美》一书，书中谈道："书法在中国向来自成艺术，和图画有同等的身份，近来才有人怀疑它是否可以列于艺术，这般人大概是看到西方艺术史中向来不留位置给书法，所以觉得中国人看重书法有些离奇。其实书法可列于艺术，是无可置疑的。它可以表现性格和情趣。"著名作家许地山则极力反对。他说："我不承认写字有真正的艺术价值，若说有的话，记账、掘土、种菜等等事工，也可以当做艺术看了。……为什么呢？文字的根本作用是表达意思，形相上的布置不过是书写材料，为纸帛、刀笔、墨汁等等关系，只要技术纯熟，写出来，教人认得它是什么，它的目的就达到了。凡是艺术，必至有创作性，文字自古有定形，原不能说是创作。所变的是一代所用的材料规定了一代的字体，漆笔时代，绝不能写出隶书真书，只能写篆文，毫笔时代也不能写出现代的'美术字'。"

书法在艺术学科表上的"户籍失位"问题，因为"汉字落后论"而雪上加霜。因为如果汉字要"拉丁化"，那书法就没有发展空间，书法的学科地位问题也就无从谈起。所以从20世纪初第一代留洋艺术家归国办艺专，到80年代国家相关部门正式批准设立书法专业学科点，书法的学科教育空缺了大半个世纪，这使书法和音乐、美术、戏剧、舞蹈等姊妹学科相比，无论学科规模、学术成果、人才培养，都落后几十年。在较长一段历史时间内，书法的生存境况艰难，发展面临严重危机。

现在回过头来看这一段历史，也许会觉得荒谬，但当时大家都是认真的。所以我们要特别感恩我们的时代：随着七八十年代改革开放、优秀传统文化复兴，历史翻开了新的一页。汉字是否落后，历史翻篇了；书法是否可以列入艺术学科，历史也翻篇了。这些，现在都已不再是问题！尤其是高等书法教育，从1995年国家首次在首都师范大学设立书法方向博士点，至今全国已有近二百所高校设立了不同学位层次的书法专业；从学科建设角度说，书法艺术确实进入了历史上空前繁荣的时代。

### 三、从站起来到富起来到强起来，我们终于迎来了中华文化扬眉吐气的时代。在新的起点上继续推动文化繁荣、建设文化强国、建设中华民族现代文明，书法艺术大有可为；实现高质量发展，人才培养是关键，书法教育要先行

翻阅近代史，每每为志士仁人生不逢时而扼腕叹息。"戊戌六君子"之一谭嗣同，明知政变发生，变法失败，已大难临头，有人劝他出逃，他断然拒绝："各国变法，无不从流血而成，今中国未闻有因变法而流血者，此国之所以不昌也。有之，请自嗣同始！"菜市口刑场，"我自横刀向天笑，去留肝胆两昆仑"，铁骨铮铮伟男子，视死如归，气势何其壮！

"鉴湖女侠"秋瑾，出身官宦之家，含着金汤匙长大，嫁与富商子弟，本来可以锦衣玉食、软暖终生，却抛家舍业，毅然东渡日本求学，结交革命党，回国秘密组织反清暴动。举义事泄，本可以出逃，但她拒不出逃，宁可被捕，"我以我血荐轩辕"，血洒绍兴轩亭口，年仅32岁。"休言女子非英物，夜夜龙泉壁上鸣"，一首《鹧鸪天·祖国沉沦感不禁》，使"四万万人齐下泪"！

"学史明理、学史增信、学史崇德、学史力行"，历史是人生最好的教科书。回顾近代志士仁人为了报效祖国而抛头颅、洒热血的悲壮历史，我们更感我们这一代人生于在共产党领导下不断走向繁荣富强的社会主义新中国，是何其幸运。尤其是国家经济发展、综合国力增强，为我们文化文艺发展创造了前所未有的历史机遇，作为文化文艺工作者，我们不能坐对锦绣河山，空负时代、空负历史、空负人民！

党的二十大报告擘画了国家未来发展宏伟蓝图，并指出：

科学社会主义在二十一世纪的中国焕发出新的蓬勃生机，中国式现代化为人类实现现代化提供了新的选择。

…………

中国式现代化的本质要求是：坚持中国共产党领导，坚持中国特色社会主义，实现高质量发展，发展全过程人民民主，丰富人民精神世界，实现全体人民共同富裕，促进人与自然和谐共生，推动构建人类命运共同体，创造人类文明新形态。

中国式现代化是物质文明和精神文明相协调的现代化，当代中国是历史中国的延续和发展。在新的起点上继续推动文化繁荣、建设文化强国、建设中华民族现代文明，在"创造人类文明新形态""物质文明和精神文明相协调"发展的进程中，作为历史中国的优秀民族文化遗产、世界艺术史上独特的东方艺术门类、深厚博大的中华文化的独特载体，书法一定能在"构建中国话语和中国叙事体系，讲好中国故事、传播好中国声音，展现可信、可爱、可敬的中国形象。……深化文明交流互鉴，推动中华文化更好走向世界"过程中，建功立业，大有作为。

所有的事业发展，都以人的发展为前提；人才是事业之本，人才的培养靠教育。贯彻新发展理念，构建新发展格局，实现高质量发展，人才培养是关键，书法教育要先行。

2022年新版《研究生教育学科专业目录》，"美术与书法"正式列为一级学科，这是特定历史条件下对书法学科的特殊关注和扶持，为书法学科拓展了发展空间，这代表了国家对书法艺术学科的期待，期待书法学科更快更茁壮成长，在"中国式现代化""创造人类文明新形态"伟大进程中有更多作为。

时代给书法学科、书法艺术发展提供了前所未有的机遇，书法如何立足当下中国学科版图，构建科学、严谨、符合艺术和教育规律的学科体系，努力培养高素质书法艺术人才，繁荣创作，推进学术，记录历史，讴歌人民，饱蘸浓墨，深情描绘中国特色社会主义现代化建设这一人类历史上最宏阔壮美的史诗，讲好中国故事、传播好中国声音，展现可信、可爱、可敬的中国形象？时代向我们提出了新课题、新挑战。作为书法艺术教育工作者，我们要踔厉奋发，努力探索，勇毅前行。

# 立德树人 书学焕采

## ——欧阳中石先生书法教育思想略论

文 / 唐楷之　上海大学上海美术学院

　　欧阳中石，1928 年 10 月出生于山东省泰安。1950 年考入北京辅仁大学哲学系，后转入北京大学哲学系逻辑学专业学习（主修中国逻辑史）。1954 年大学毕业后，在通县（今通州区）各个学校和北京 171 中学从事繁重的基础教学工作 28 个年头。20 世纪 60 年代初，先生参与了北京市教育局组织的书法教材编写工作，为学生书写仿影范本，指导书法学习并倡议设立习字室，积极组织书法学习小组，开展多项书法活动。20 世纪 70 年代末，先生提出酝酿已久的全套语文教改方案，并耗时三年独自编写完成全部教材，开拓了中学语文教学新模式。直到 1981 年，先生调往北京师范学院（现首都师范大学），承担逻辑语言和书画函授教学教材编写工作。1985 年，先生在北京师范学院主持创办了成人书法大专班，首次面向全国招生。1985 年至 1998 年，先生不懈努力，主持完成了专本、硕博、博后的学制建构，首都师范大学率先成为我国第一所拥有完整书学学科学位体系的高等书法教育院校，其书法教学研究居于中国书法最高层次培养和学科研究的重要地位。2005 年 11 月，在先生的倡导下，首都师范大学成立了"中国书法文化研究院"和"书法文化博物馆"。欧阳先生 60 余年的教育生涯与中国高等书法教育跨入新时期的发展密切关联，先生以书法家和教育家的双重身份力肩重任、不遗余力，顺应时代发展，开拓了高等书法教育领域，培养了千百名中青年书法专业骨干，提升了书法学的文化属性和社会共识，书写了中国现代高等书法教育新篇章，为继承和弘扬民族优秀传统文化做出了卓越的贡献。

　　欧阳先生谈对书法学科建设的思考，尝言："书之为大学问，必应知其所以然也。书者，书字也，汉字也。""是故余力求置之文化，以期成一充实广阔而渊深之学科，与其他诸科并列，为诸科扬出些许光彩，庶几纳书一事于当途也。"先生提出要把中国书法放在中国大文化背景中去看待，这不只是一个简简单单的艺术问题，而是学术问题。要把这门学问树立起来，建立一个比较完备的学科，需要各方面的有识之士都来关注。探求先生书学思想的形成和发展，其自有内在学问底蕴，行为人师的轴心和以书焕采、切时如需的理念，必然不同于当下一般书家以技论书、品评书艺，需从问学入门径，方可登堂入奥、觅得旨归。

## 一、博学约取 通晓古今

　　欧阳先生有着深厚的文化积淀和诸多的艺术才华，在逻辑、国学、音韵、戏曲、书法等专门领域都有精深造诣，可谓饱学博识、融会贯通。先生早年从金岳霖等前辈大家主修逻辑专业，并在这一领域取得了丰硕成果。20 世纪 80 年代初，先生即参加国家"六五"计划重点项目《中国逻辑史》（五卷本）的编写（隋唐至明部分），该项目获得了国家社科基金资助项目优秀成果奖。他主编的逻辑教材在国内逻辑学领域具有广泛而深远的影响。逻辑学领域的造诣对欧阳先生在艺术领域的发展起到了一定作用。先生在与杨振宁、吴良镛、冯其庸等学者的对话中提到，自己所学的专业是逻辑学，可是从工作开始就没做几天本行，教了数学、语文、历史、化学，看似与逻辑没有关联，但在实际教学中都是运用逻辑学的思维方式。先生关于逻辑有着重要的观点，他在《中国逻辑思想史研究的对象与范围》一文中大胆提出，对"中国"一词的理解不能太局限了，必须以"在中国这块土地上"的意义来理解，即凡在这块土地上发生、发展、流传、形成过影响的都应包括在内；即使是"舶来"的，也必然有个输入、接收、流传，甚或融会以及发展的问题。关于逻辑的对象，通过对古今中外"逻辑"内容的阐发，先生指出，所谓"普通逻辑"，当然该是对全人类普遍有效的一些规律与形式的汇总。

欧阳先生在现代高等教育逻辑学领域具有宏阔的历史视域和高明的研究方法，诚如其所言，他"以逻辑作为内在的基础"，运用各种穷尽形式的方法，博学审问、触类旁通。先生以哲学思辨的睿智观照"作为法书的书作"，认为它应该是多种文化的结晶，需要把人生的道理、哲学的思想、世界观、自己的努力方向都融会起来，从哲学史和逻辑学发展的关系来审视和建构书法学科，书法必须在现行的各种学科之中建立一个不同于其他、独自成立的学科，为当代高等书法学科规划了光明远大的前景。

欧阳先生精于诗词曲联创作，曾亲炙著名诗词学家顾随，自谦"只能仰望夫子，不敢忝作学生"。其诗作立意高远、音韵贯通，生动贴切、耐人寻味，如自作诗："普普通通一教师，平平淡淡自无奇。不意无奇非无意，正是无奇正是奇。"先生又长于国画，他早年与齐白石的三公子子如先生交好，被白石老人称为"洋学生"。他还是一位著名的京剧艺术家和京剧表演艺术研究学者。作为"四大须生"之一、文人艺术家奚啸伯先生的嫡传弟子，曾长期协助奚先生进行"奚派"剧目的整理工作等，对"奚派"艺术理论系统的完善有着重要的贡献。同时，他还把京剧作为一门学问，举凡京剧的历史渊源、音韵、各派艺术特色及表演实践等都有专门的研究文章发表。先生拜师奚门，随侍左右，除继承梨园艺术外，师徒之间更多的还是翰墨艺术情操的陶染。先生曾撰文回忆道："一个艺术大家，往往不是单纯的，都是一通百通的，然而，我的师父奚啸伯先生却不只是通而已的，不谈京剧，即使仅就书法一则来说，也是毫不含糊的书坛一家。"书法与京剧都是造型艺术，都讲究技能，"搞一些别人不能的动作""赋以生机"，戏剧扮相、表演与书法字体形态表现上都有互通之处。诸如诗文、戏曲等这些平常被世人称为"字外功"的习得，在先生看来都是"字内"的事儿。他说："一个人的知识、学问都会熔铸在笔端，应该向广阔的天地去看，并不是跑在字外，那是里头又里头。"先生同时受聘于中国艺术研究院，为戏曲研究所博士生导师；首都师范大学与中国戏曲学院联合成立中国戏曲研究中心，其在文学院指导戏剧方面的研究生。

欧阳先生书法先承武岩法师，后师从吴玉如先生，打下各体兼通的坚实基础。他擅作行书，以东晋"二王"法书为宗，广蓄碑刻法帖之长，既汲取帖学之流美，亦蕴含碑派之拙古，形成遒美浑厚、刚健温润、灵动沉雄的美学气象，具有鲜明的艺术风格和显著的艺术识别度。其书写的代表作品有《中石夜读词钞》《朱子家训》《道德经》《诗经·陈风》《佳句箴言手书》等。不仅如此，先生在对书法学科体系教育研究的长期探索中，坚持书法以中国文化为核心的理念，编著了《书法与中国文化》、《中国书法史鉴》、《新编书法教程》、"学书津梁丛书"（全六册）等一系列学术著作和教材，诚可谓著述等身。先生书法创作和理论研究的成果不仅彰显在书法风格影响和教学传承上，更重要的是高度弘扬中华文化，传颂美德精神，推动着当代书坛乃至社会文化的深入发展。

## 二、教以文理　以书养德

欧阳先生尝言"我不是学书法的"，言下之意并不是将书法视为简单的写字技巧，而是以学问的高度来观照，以哲学视野和科学方法来展望书法学前景。先生善于以大家熟悉的"字词"举例，轻松运用文字学和释义学的学问，提出问题，明晰奥义，例证丰富，层层推进，核心明确，闻者无不感佩其学识渊博、逻辑缜密、传授有道、体系自融、寓意高远。他以"勤学苦练、注重引导、寻找规律、总结经验"这四个方面来归纳自己的学习和教学心得，具有教育学的普遍意义。同时，这也是对书法学建设做出贡献的经验之谈。先生提出"文"是一种美好和谐的展现，"理"在自然、人类社会中，是一个无处不在、无处不遵的"必然"。"文"是以"理"为依据而形成的"必然"反映。自然、社会都有各自之"文理"，都要遵循这些基本规范。先生在书法教学中遵循的就是一种文化生态中的书法规律，而不是照本宣科、斤斤于技法讲授，凸显了学问家的风范。他冀图在明晰"文理"之上，广泛汲取融会，由此塑造高等教育书法学高层次的研究形态。他在《中国文化与书法艺术》一文中，从"文化""中华文化""中华文字""中国书法"四点来阐述文化与书法的紧密关联。书法是什么？是关于汉字书写的一门学问，他形象地打了一个比方，"书法是串珠外的一层光环。字是结晶，文是串珠，书法是光环"。书法的本质是要张扬汉字本身的生命力、感染力，要传扬文化，焕发出熠熠光彩。

在文化全球化的新浪潮冲击下，面对机遇与危机，中国书法文化在世界范围内得到了有力的维护和高效的传播。学习书法要以传承中华文化为核心，崇尚经典、弘文载道，应当把书法放到博大精深的中国文化中去学习、去研究，提升书法高等教育的学科品格。为此，先生注重书法的文化属性，说："中国书法属于文化范畴，它的形式是艺术，内容是文化，艺术不能涵盖它，所以我们必须强调书法文化，高等书法教育必须加强和重视文化建设。"在《作字行文 文以载道》中，先生以书艺、书学、书道三个部分来解读书法这门学问。简言之，书艺是关于工具与怎么写的专门问题；书学是涵盖极广的书法史论及其相关文学、鉴赏等学问，是构成书法学科的庞大系统；书道也称作"书德"，就是书的内容、书的意义。书法家和书法教育者应该有宽大的胸怀，要为我们的祖国、为我们的时代、为我们的人民唱出我们的赞歌，美化我们的时代。

　　教育的根本任务是立德树人，立德树人，既是要树立自己，又是要树立自己的学生，树人是要树立有文化的人。欧阳先生始终坚守"以书养德"的书学理念，推崇"德高则才重"。先生认为，"人无德不立，国无德不兴"，"德"这个字右边上面是一个代表正直的"直"，下面是一个"心"，"从直从心、直心为德"。一个人必须在思想上、行动上都能做到正直向上，彼此和谐、包容。德是能力、是禀性，是中华优秀传统文化的核心思想。他首先严格要求自己，亦循循教导学生以德为重，不准他们在守"德"的规范上有丝毫怠惰，要求共同维护和实践我们民族的传统美德。"以书养德"的教学宗旨，深深影响着广大书法学子，先生身体力行，为当代书法教育树立了标杆。

　　回首半个多世纪中国高等书法学科的构建历程，欧阳先生始终坚持书法与文化相融会的学术理念和教学思想。早在 1985 年，在全国"书法热"的风潮席卷下，欧阳先生在第一届成人书法大专班的教学计划中开宗明义提出"文心书面"，主张书法是一门以文化为依托的学问。他在当时的教学计划中设立了诸如诗词、文字学等相当大比重的文化基础课。1993 年，国务院学位委员会在首都师范大学设立美术学（书法艺术教育）博士点。随后，先生向全国著名书家、学者广泛征求办学意见，成立博士生考试咨询委员会，聘请代表性的老一辈书家、学者，如金开诚、冯其庸、史树青、姚奠中、卫俊秀等任委员，集思广益、克服困难、众志成城。博士点的设立具有里程碑意义，标志着中国书法作

为民族文化和艺术的重要门类终于在现代高等教育和学术体制中获得了应有的地位。先生强调中国优秀传统文化的重要性，率先将教学思想集中到书法文化上，以书法为切入点，最后形成以中国文化为核心，以"书法史论""书法理论史""书法实践研究""书法美学研究"为基本分支，兼容文、史、哲等相关学科的书学体系和教学模式。这直接体现了先生倡导的在中国文化的大背景中研习书法的教育理念。他冀望学生成为真正理解中国文化、代表中国文化的高级书法研究学者。他在博士考试中首列"中国文化的历史和理论"题目，在博士生教学中又单列"中国文化"等系列课程。为保证和提升学生传统文化素养和综合素养，诚聘文、史、哲名家廖仲安、孙长江、宁可、李华等先生授课。在先生的努力与规划下，首都师范大学书法学科已颇具规模，建立了一整套完善的课程体系，包括"五体书"实践、书法史论、美术史、诗词格律、碑帖学、书法文献、汉字与书法、书法文化等书法学科的研究型课程和特色课程。正如欧阳先生所讲，我们进行书法文化研究，不但要解读书法本身的发展过程和规律，更要去探求书法和孕育它的中华优秀传统文化之间的关系、书法和其他文化门类之间的相互作用和关系，汲取各门类学问的营养，借书法来折射和阐释丰富多彩、厚重深远的中华优秀传统文化。

## 三、弘文载道　切时如需

　　欧阳先生坚持认为书法是中华文化的重要组成部分，以"作字行文，文以载道，以书焕采，切时如需"16 个字阐明了其书学思想。他进一步说道：

"作字不仅仅是为了写字，是为了行文，文做什么？文是载道的。书干什么？以书焕发它的神采，使它成为一个活动着的、有感染力的形象，让它一定符合时代对它的要求。"作为书法教育大家，数十年来，先生培养的书法人才遍布全国各地，分布于高校教育、书协组织、编辑出版等机构或行业，构成了当前书法教学、研究、创作、管理、鉴藏等领域的主力军。可以说，当代书法发展和繁荣的局面，凝聚着先生高标准、多角度、全方位的不懈努力和智慧结晶。由他主持创办的首都师范大学书法学科已成为国内外顶尖的书法学人才培养、科学研究和学术交流的重要基地之一。这是新时期以来我国社会主义先进文化建设的一个显赫亮点，为国家和社会做出了巨大贡献。

欧阳先生在长期的教育中总结出的"文以载道""切时如需"的教育理念有其深层次的意旨。其一，作为当代书法教育大家，应行为世范，培养德才兼备、符合时代发展要求，能够担当起国家和社会使命的书法承传学子。其二，从书法史本体研究来考量，在古人"晋韵、唐法、宋意"的时代风格变迁与品评史中，要把握颠扑不破的艺术发展规律。历代名家书作灿灿，形成"二王"一脉帖学和"北碑"一派碑学的历史高峰。研究书法既要知源流，更要明确目的所在。他尝言："我们希望能够和社会看齐，能够看到历史的高峰，能够看到时代的前锋。"先生殚精竭虑所寄望的是创造出作为楷模、标准、时代气象的"法书"。其三，唯有积学升华、学问融会，才能建构高水平、高层次的书法学。历史有历史的高峰，时代有时代的高峰。书法

学的建设和完善离不开高等教育的迅猛发展，书法学与各个一级学科门类一样，应当反映国家教育和社会发展的时代要求，通过完善书法学科建构，成就高层次的文化、高层次的艺术、高层次的生活，建设美好和谐、繁荣昌盛的祖国！

欧阳先生对书法教育的研究有诸多精深体会和见解，并形成了独特的教育思想。在现当代高等书法教育大家中，陆维钊先生在书学理念上注重"人品即书品"，强调博学与专精的辩证统一，在书艺上注重碑帖融合；启功先生重视自然通达的艺术思想以及深厚的文化修养，在书艺上强调书写的自然性与结构的重要性；欧阳先生则强调艺术与文化以及艺术门类之间的相互融合，强调弘文载道，坚守以德为基的学书准则，切时如需，符合时代的要求。三位代表性的书法教育家的思想观点体现了书法于人、于文化，乃至于民族、国家的作用和意义。先生曾对笔者言："书法教育的问题早在沈尹默、潘天寿、沙孟海等先生那里，就做了很多探索和实践，我们是在他们的影响下又往前走的。"当请益目前国家大力推进中小学书法教育的问题时，他说："这对于书法文化传承十分有利，重点不单纯是写字技法，要特别强调临摹，还要重视书法文化，要把文化放在首位，要把写字、认字和用字结合在一起，讲究遣毫，按意图来写字……你看看项穆《书法雅言》的'中和'书学思想如何与中小学书法教育结合而贯彻？"明代项穆《书法雅言》是古代书学集大成之作，全篇十七章都贯穿了"中和"美学思想："圆而且方，方而复圆，正能含奇，奇不失正，会于中和，斯为美善。"先生以"中和"说启发我们

对"时"的认识，进而强调规矩从心，中和为上，不为时风、名利所囿。由此可见，先生所言"切时如需"还蕴含有"大雅隽永"的深层意义。

欧阳先生的书法教育思想的形成与他心仪学书、谦逊严谨、转益多师、博闻通达的禀赋和际遇有关。究其根本，是一种人生智慧的结晶。总结其为三点。一是先生的人生观、价值观出于哲学性的逻辑科学思维。如他在论述"德与能"的问题时指出："人的德行和才能的问题，这两方面决定了人努力的方向和方式，最终决定了其成就的大小……人应该具有不同层次的'能'，这是实现目标的基础。而'德'往往决定'能'所实施的方向。为了保证全面的'美好和谐'的要求，人们必须有一个'德'的契机，这才是文化中的一个核心。"有了"德"的智慧，"致广大而尽精微"才能通达和美境地。故而，先生诙谐自话："少无大志，见异思迁，不务正业，无家可归。"实则取向"和美之境"，是独具灵性、触类旁通的天赋与印证，也是"极高明而道中庸"的古代圣贤之法。二是先生崇信中华文化，坚守中华文字，身体力行、不遗余力推动中国文化和书法艺术的发展。他以"仁、德、礼、法、化、和"六字概括出中华文化的核心内容和基本特征。书法在古代虽然被视作"小道末技"，而在先生看来，却是能够展示中国文化精髓的"大学问"，

是书法工作者应当担负的时代使命。他既倡导书法文化教育的宏大理念，又肯定艺术教学的成功举措。他认为在中华文化的大背景下，艺术专业虽有各自的特性，但又是相通互补的，"不同而和"的艺术形态与"和而不同"辩证思想为书法发展成为"技道融通"的"跨学科"奠定了学理基础。三是泰然处世、平易近人、淡泊名利的君子气度。先生平生经历，无论起伏，都能淡定知足，超脱功利的桎梏，自然摆脱诸多内外烦扰。关注先生的学者大多评论其为"通人"，何为"通人"？《孟子·告子上》说："学问之道无他，求其放心而已矣。"先生自言"通"是内心的通达、坦然，理顺自己位置和关系，抱德旺盛知大体，祝福"人人自有，个个圆成"。笔者曾师从门下作博士后，尝以研究首都师范大学书法学问题请教，先生开示："不要简单研究我们自己，要从书法史和理论上深入探讨，研究自己就会突出自己，说我们好，其他不好，这样就不科学了，要从书法史论研究中普及开来。"先生作为"通人"，渡人津梁，往往朴素的话语蕴藏正见。

欧阳中石先生以恢宏的气度、丰厚的学养、精到的学理，以对中华文化、对国家和社会高度的使命感，全身心扑在平凡的岗位上，拓荒非凡的事业，为铸就中华民族伟大复兴的时代高峰，为实现高层次文化品格的书法学默默贡献了宝贵的教育思想。

# "每课一字"通书法

## ——于右任"标准草书"对当代书法教育的启示

文 / 李剑锋　北京印刷学院

**摘要：** 20 世纪 30 年代，于右任有感于中国汉字结构复杂、书写繁难，在日常使用中大量耗费人们的时间和精力，直接影响到国人的办事效率，从而创立"标准草书"，提倡人们在日常书写中使用草书，以此节省时间，提高效率。由于种种原因，"标准草书"并未能在全社会范围得到推广普及，但于右任通过学校教育推广"标准草书"的思路却给我们以启示。90 余年过去了，于右任推广"标准草书"以作为强国利器的历史语境已不复存在，但书法在当代却面临新的困境：一是书法群众基础的萎缩，二是大众书法审美能力的缺失。面对这样的问题，笔者认为可以借鉴于右任的方案，以"每课一字"的形式将书法内容融入中小学语文日常教学，在不增加学生学业负担的前提下，以点滴积累的方式使学生接受书法文化的熏陶，并建立起正确的书法审美观念，从而推动书法的普及和复兴，进而推动中华优秀传统文化的全面复兴。

**关键词：** 于右任书法　标准草书　每课一字

## 一、于右任和他的"标准草书"

在中国现代书法史上，于右任的名字是和他所创立的"标准草书"深度绑定的。但是，需要指出的是，"标准草书"在于右任而言，是其提出的一项文化改革方案，是民族自强的推动力量，是普惠全国全民的大事业，而绝非仅以"书法艺事"等闲视之。

"标准草书"创立的初衷，是于右任有感于中国汉字结构复杂、书写繁难，在日常使用中大量耗费人们的时间和精力，直接影响了中国人的办事效率，是近代以来中国在国际竞争中处于落后地位的诸多原因之一，而在汉字诸书体中，草书因"趋急赴速"而生，是最具书写效率的，故而他认为若人们在日常书写中均采用草书，便可节省下许多时间，去从事更多的工作。他说："文字是世界文明的总动力，是人人所必须精练的工具，其结构的巧拙，使用的难易，关于国家民族之前途者，至为重大！论枪炮者，论其射程；论机械者，论其时功；文字亦然。"[1] 这便是他"竭尽心力，提倡标准草书的唯一原因"[2]。

然而，草书的局限性也是显而易见的，最大的问题在于：一、过于简省而可识性低；二、书写随意而规范性差。而可识性和规范性恰恰是大众通用性的基本前提，这也是历史上草书一直处于小众地位的重要原因。对于草书学习的难度，于右任也不讳言，他自述："余中年学草，每日仅记一字，两三年间，可以执笔。"[3] 为了解决这个问题，他以"代表符号"建构"标准草书"体系，即将字拆分为部

1. 于右任：《标准草书与建国》，《草书月刊》1947 年第 4 期。
2. 同上。
3. 于右任：《标准草书序》，《草书月刊》1941 年第 1 期。

件，每一个部件对应一个标准的草书符号，这样，一个字就变成了几个草书符号的拼合。经过"标准化"的草书由此而变得好记、好写、好认，人们不用再分别去记成千上万字的草法，只需要记住不足百个组成这些字的代表符号即可。

"标准草书"在完成体系建构之后面对的问题是，既然"标准草书"是面向大众的、面向日用的，如何进行推广普及呢？后来的历史告诉我们，"标准草书"并未能在全社会范围得到充分的推广普及，这当然与时代并未赋予"标准草书"以很好的"机遇期"有关，也就是说天时、地利、人和都没有配合其推广。其实，在全社会层面推行字体改革这样影响巨大的文化举措，如果缺乏官方力量的推动是很难实现的，于右任显然是忽视了这一点，据他的助手刘延涛后来讲："三十余年来，先生致力于标准草书之倡导者至勤，寄望于国人者亦至殷，然始终不欲假借政府之力为之推动。尝言：'吾书诚善也，民诚便之也，则虽禁之而不能也；否则假政府之力，亦徒彰其不善耳！'"[4]事实证明，他高估了"标准草书"自身的力量。

但是，于右任也并非对"标准草书"的社会接受采取"放任自流"的态度，其实，他对此是有过深入思考并提出了具体方法的，他的方法就是，通过学校教育普及推广！他在赠刘延涛的一首诗中写道："方法果若何？每课识一字。中学倘毕业，不教可自致。古籍既易通，民众亦易使。一字可医国，医国有利器。"[5]他设想让"标准草书"进入学校，

进入教科书，让学生在学习功课的同时，每天能认识、记忆一个草书字形，这样日积月累，几年下来，等到中学毕业，学生们对"标准草书"的识与写也就掌握得差不多了。让"标准草书"进入学校教育，这就属于官方行为了，而且在我看来，这是一个非常好的推广方法，并且，以于右任在国民党的元老地位，这一方案并非没有实施的可能性，若果真实施，则"标准草书"的影响就是另一番局面了。可惜这终究没能成为现实。

从于右任1932年发起创立"标准草书社"到今天，已经过去了90余年的时光，世界和中国都发生了翻天覆地的变化，科技进步也深刻改变了人们的生活、工作方式。当今的中国人，已经摆脱了于右任那个时代国人的文化自卑感，也几乎没有了汉字日常书写上的效率焦虑，可以这么说，于右任当初要在全社会推广"标准草书"以作为强国利器的历史语境已经不复存在了。然而，我们在回望"标准草书"之时，除了"感慨系之"，也能产生许多新的思考。

## 二、书法在当代面临的困境

虽然近年来书法界貌似"繁荣"，各种展览、比赛令人目不暇接，也有一定的社会关注度，甚至得到了国家层面的支持，但是客观地说，从全社会而言，书法，特别是专业的书法艺术其实是处于非常小众的地位的。让书法走向大众，让更多人，尤

4. 刘延涛：《标准草书·后叙三》，载《标准草书》（第十次修订本），台湾"中央文物供应社"，1967。
5. 于媛主编《于右任诗词曲全集》，世界图书出版公司，2006。该诗题为《赠刘延涛》，作者自注曰："望其以标准草书之利益再告国人。"

其是年轻一代的人了解书法、喜爱书法，甚至学习书法，当然是我们的希望，但事实上书法在当代的确面临着一些困境，它们阻碍着书法的复兴。在我看来，最大的困境在于两个方面：一方面，是书法的群众基础萎缩；另一方面，是社会大众书法审美能力的缺失。这两个问题不解决，书法艺术就很难真正成为大众艺术。

自从毛笔退出实用领域，书法与人们日常生活的联系逐渐弱化，书法的群众基础萎缩是必然发生的。在古代，书法的特殊性在于其艺术性与实用性在很大程度上是统一的，艺术性是附着于实用性之上的。尤其在儒家文化主导的中国古代社会，"学而优则仕"是绝大多数接受文化教育者的人生选择，不论最终是否成功，都要为之付出极大努力。从唐至清的科考取士中，一直体现着对应试者书法水平的高度重视，这也就是前面提到的来自官方的推动力量。仅此一条，就把书法普及到了每一个有心求取功名的读书人。也就是说，在古代，人们接受文化教育和接受书法训练是同步的。虽然不是每个读书人都能走上仕途，甚至事实上这个比例是极低的，但毛笔书写却是他们的日常，即便日常的毛笔书写不能与书法完全画上等号，但其中的紧密联系确是显而易见的。所以，在古代，每一个接受过文化教育的人共同构筑了书法的群众基础，虽然并非每一个人都能写出好的书法，但至少对于书法都有一定程度的理解能力和鉴赏能力。反观当下，不要说毛笔退出实用领域，就连硬笔都快要被各种电子输入设备取代了，需要人们提笔写字的场合越来越少，

书法与生活日用之间的联系被极大削弱。而更为要紧的是，整个社会体系失去了对书法的重视，这种重视不是体现在单纯的呼吁、倡导或个人喜好上，而是体现在书法与每一个人的切身利益甚至前途命运的关联度上。正所谓"乡邑不以此较能，朝廷不以此科吏，博士不以此讲试，四科不以此求备，征聘不问此意，考绩不课此字。善既不达于政，而拙无损于治"[6]，那么，书写对绝大多数人而言，也就属于可有可无的技能了。即便现在很多家长也希望自己的孩子能写一手好字，把他们送进书法培训班，但多数人在其他课业的挤压下只能是浅尝辄止。总而言之，书法断绝了与实用性的联系，又失去了社会体系的强调重视，必然不可能再拥有像古代那样广泛的群众（指知识群体）基础，其沦为小众也是时势使然。

书法艺术的小众化带来了社会大众书法审美能力的缺失。虽然在当今社会，几乎每一个人都能接受教育，甚至有一部分人接受过很高层次的教育，但是对绝大多数人而言，在他们接受的教育中，有关书法的内容很少。如果一个人不具备一定的书法相关的专业知识储备，又很少接受专业的书法艺术熏陶，指望他天生拥有书法审美的能力，显然是不切实际的。所以，当前在全社会层面表现出来的书法审美认知是非常混乱的，许多人在面对一幅书法作品的时候几乎不知道从何入手，只能凭直觉去决定自己的好恶。而有一部分自认为"懂"书法的人，也缺乏真正专业的素养，流于浅层次的理解。人们对书法的优劣失去了鉴别能力的一个表现是，近年

6. 上海书画出版社、华东师范大学古籍整理研究室选编、校点《历代书法论文选》，上海书画出版社，1979，第2—3页。

来一些在专业书法界看来俗不可耐的所谓"书法字体"大行其道,充斥于电影、电视、报刊、宣传广告、建筑外饰等各个角落。有一次我去绍兴,就在街边的大幅宣传标语上看到了这种字体,当时觉得特别刺眼——这可是在书圣故里呀!这些字体时时进入人们的视线,当然会对大众的书法审美认知造成进一步的误导。社会上还有一些"一笔龙""一笔虎"书法家,"国礼"书法家,各种"体"、各种"派"书法家,不一而足,他们的书法在专业人士看来均属地道的"俗书",可这样的人在社会大众中却颇有市场,亦可见大众对于书法审美的认知。社会书法审美混乱的另一表现是社会大众对于专业书法界的不认可,尤其近年来关于所谓"丑书"的争议,更加深了大众对专业书法界标新立异、背离传统的印象。这里且不谈专业书法界自身的问题,但至少可以看出一个问题,就是大众与专业书法界在审美认知上是不同频的。而在古代,虽然审美也有雅俗之分,但士大夫阶层的文化权威性是被认可的,所以这个问题也几乎是不存在的。本来专业书法界应该是大众审美的引领者,但现在大众对专业书法界的专业性并不认可,也就是专业书法界没有在大众中建立起自己的权威性,也就起不到在审美上的引领作用,这就造成了专业书法界对大众审美嗤之以鼻,大众对专业书法界的审美取向痛心疾首的怪现象。要解决这个问题,其根本就在于要在审美认知上取得全社会层面的统一。统一于何处?我认为首先应该统一于传统。大众对于传统或许并不了解,但起码在心理上是敬畏的,我们的任务就是要让大众了解传统,进而知道传统书法的审美观到底是什么样的;而扎根传统更是专业书法界必修的功课,在深入传统的基础上再来谈如何创新,才能取得更广泛的认同。

在当前社会条件下,想要真正复兴书法艺术,我认为最重要的就是要解决这两个问题:第一,尽可能地扩大书法的群众基础;第二,尽可能地统一对书法的审美认识。解决之道是什么?我认为,最可能行之有效的方法就是从教育入手——书法要从娃娃抓起!

## 三、来自于右任的启示

现在,国家层面强调文化自信,提倡弘扬中华优秀传统文化,书法的地位也得到了很大提高,比如《研究生教育学科专业目录》将书法列为一级学科。当然,这仅是针对书法专业教育层面的改革,影响面还是较小,我所谓的教育是"全民性"的教育,尤其是中小学教育,这也是我从研究于右任和他的"标准草书"中得到的启示。

### 1. 从民族文化角度立意

书法是"大道"还是"小道"之争,由来已久,《书谱》云:"扬雄谓诗赋小道,壮夫不为,况复溺思毫厘、沦精翰墨者也!夫潜神对弈,犹标坐隐之名;乐志垂纶,尚体行藏之趣。讵若功定礼乐,妙拟神仙,犹挺埴之罔穷,与工炉而并运。好异尚奇之士,玩体势之多方;穷微测妙之夫,得推移之奥赜。著述者假其糟粕,藻鉴者挹其菁华,固义理之会归,信贤达之兼善者矣。存精寓赏，岂徒然欤！"[7]孙过庭站在书法人的立场向世人竭力宣扬书法的宏旨，事实上，从雅好翰墨、自我陶冶的角度，书法的确只是"小道"；但从弘扬优秀传统文化、提高全民审美素养、促进中华民族伟大复兴的角度来看，书法是在中华优秀传统文化的深厚土壤之中开出的最为独特的艺术之花，它足以承载"大道"。在20世纪的革命时代，于右任选择创立"标准草书"作为强国的利器，就是着眼于全社会、全民族的，他说："况文字为人类文化之结晶，人群生命之联系，亦即世界文明之总的动力，又百工，察万品，其关系于国家民族之生存生活者至为切要！"[8]正是出于对民族大计的思考和对草书巨大潜能的认识，他才不遗余力地投入其中，如果仅仅是出于对书法"小道"的个人兴趣，我想他断然不会倾注如此多的心血。在今天，于右任当年想要解决的文字书写效率问题已经不再那么迫切了，但是，提高全民审美水平、复兴民族文化的任务不迫切吗？我们完全可能从书法这个切入点去思考这些关乎国家和民族的大问题，从这个意义上讲，书法在当代也可以成为"大道"，值得国家从"百年树人"的角度去推动它。

**2. 书法融入中小学教育的设想**

书法要从娃娃抓起，这不是一句口号，而是符合教育规律的。人的审美观念是从小在潜移默化中形成的，人对于在青少年时代，也就是中小学阶段所学习到的知识和技能印象最为深刻，所以要想全民普及书法，从中小学教育入手应该是最有效的。当年于右任提出了推行"标准草书"的设想："方法果若何？每课识一字。中学倘毕业，不教可自致。"遗憾的是没能真正付诸实施。我们今天普及书法教育，完全可以借鉴于右任当年提出的方案，即把书法教育融入中小学生每日的课业中去。具体做法就是在语文教科书中以"每课一字"的形式，加入书法内容。低年级从楷书入手，由低而高，逐渐学习魏碑、隶书、篆书、行书、草书等内容，从经典的碑帖中选取字例，再加以适当的解析。每天一个字的学习量，对学生学业负担的增加而言微乎其微，但重在持之以恒，以一种"持久战"的方式，让学生在点滴积累中接受书法的熏陶。这个过程可以和学生学习生字的过程相结合，让学生在知道一个字怎么写、什么意思的同时，也知道它的美的写法。除了单字的学习，到了小学高年级和初中阶段，可以逐步加入一些书法名家名作赏析的内容；到高中，则可加入书法史和书法理论的内容。如此，虽然书法在学生每日的学习内容中占比很小，但以中小学十二年，每日五分钟计，累积起来，也是一个很大的学习时间量。而且，关键在于，通过教材的编写和安排，可以保证学生学习的书法内容是传统的、经典的、系统的，这样就能够让他们在逐渐丰富书法知识的同时建立起正确的书法审美观念，所谓"操千曲而后晓声，观千剑而后识器"。当然，与此同时，也需要将书法内容纳入考试机制，虽然占比不会太大，但可对学生形成学习的压力和动力，保证学习效果。不过，既然是普及性教育，目的不是将人人都培养成书法家，那也是不切实际的。作为一种素质教育，其重点还是落脚在培养学生对于书法的鉴

7. 上海书画出版社、华东师范大学古籍整理研究室选编、校点《历代书法论文选》，上海书画出版社，1979，第125—126页。
8. 于右任：《临标准草书千字文自序》，《草书月刊》1947年第3期，第2页。

赏能力、审美能力和文化感知力。这个目标一旦达成，前面提到的扩大群众基础和统一审美认知的问题自然就迎刃而解了。在此基础上，必然会涌现出一批在书法上有天赋、有兴趣的学生，这时，就需要各学校根据自身条件来安排配套措施了。例如开设课外兴趣班，成立书法社团，组织各种比赛、展览、研学活动，等等。当然，这不是硬性的要求，只能由各地各校因地制宜来操作。这里又会连带出一个问题，那就是书法教育师资的问题，因为即便在教材中加入书法内容，也还需要在一线从事教学工作的教师们具备专业的书法知识和素养，如此才能对学生形成正确的教育和引导。根据前面所提方案，书法教学的师资应该包含两个部分，一是专业书法教师，二是具有较高书法素养的语文教师，相对而言，后者显得尤为重要，这又有赖于高等教育体系的支撑。随着我国高等教育的发展，开设书法专业的高校越来越多，招生规模日益扩大，应该能对中小学专业书法师资提供补充；但语文教师书法素养的培养就成了一个更大的问题，这要求师范类高校在针对语文教师的培养方案上进行相应的调整。另外，还有地区教育资源的平衡问题，等等，就不在此一一细论了。总之，这是一个涉及全民教育的大问题，绝非易事，还需要详细谋划，统筹安排。

**3. 书法教育的文化带动性**

为什么要推动书法的普及，我们讲，并不是单纯地提倡书法"小道"，而是着眼于书法"大道"，也就是说，书法除了是一门独特的民族艺术形式之外，它还潜在地具有广泛的文化带动性，所以，书法复兴也就事关优秀传统文化的全面复兴。于右任的诗里面说："古籍既易通，民众亦易使。一字可医国，医国有利器。"这里点出了一个问题：学习书法与通晓古籍的关系。我认为，这一点在今天尤其具有现实意义，实际上也关系到另一个问题：对繁体字的再认识。不可否认，新中国成立后的文字简化改革有其重要的历史意义，其实它与于右任创立"标准草书"的出发点是一致的，但我们也要看到它的负面影响，那就是它与白话文的"一统天下"一起，共同造成了某种程度的传统文化断裂。在今天，认识繁体字的人越来越少，这给我们了解、学习、研究传统文化、古代典籍带来了很大的障碍。而普及书法，恰恰可以帮国人补上这一课，因为进入教材的传统经典书法都是以繁体字的面目出现的，"每课一字"的学习能帮助学生在了解书法的同时了解繁体字的写法。这里，我不是主张恢复繁体字，而是说人们在使用简体字的同时也能认识繁体字，这对于更深入地了解传统文化是有很大帮助的。此外，我们知道，书法与古典文学、传统绘画、音乐等的联系都是非常紧密的，这种联系并非仅是形式上的关联性，更重要的是内在审美上的同一性，它们的许多内在原理、规律、程式、法则都体现出中国传统美学的独特品格，因而具有相通性。由此，书法的复兴能够带动全民审美水平的提升，进而促进人们对传统文化其他领域理解力的提高，融会贯通，形成对传统文化的全面认识。书法是中国传统艺术诸形式中最具文化属性，也最易接受、学习，最易展示的一种，这也是我建议以书法为切入点，从娃娃抓起，通过全民教育进行普及，进而发挥其文化带动性，推动优秀传统文化全面复兴的原因。

以上，就是我从于右任创立"标准草书"这一历史事件中获得的一些启示。"百年大计，教育为先"，教育的影响力是无与伦比的，尤其是中小学教育，它对一代又一代国人的文化人格的塑造起着决定性的作用。教育是大事，事关国家和民族的长远发展，因此，教育的内容也就至关重要。我斗胆在此提出一点建议，虽然自知还极不成熟，但也想秉承于右任先生爱国、爱民、爱文化的情怀，希望能为文教相关部门提供些许参考。

# "人书俱老"内涵研究

文／梅丽君　中央美术学院

　　"人书俱老"概念是孙过庭在《书谱》中提出来的，表达了一种"人和书法共融共生"的理想。这种理想极不容易达到，需要人和书写建立一种长期的"一一对应"关系，对书写者的道德修养、实践，书法知识、功底和每一次的书写状态都提出了非常高的要求。在现有的一些书法评论文章中，常常有人使用"人书俱老"来评价某位书家或者书家与其作品之间的关系，但是似乎很少对这个概念作清晰的界定和分析，本文不揣鄙陋，尝试对"人书俱老"的内涵作一解读。

　　书法作为一种语言的视觉形式，一门长期存在的艺术门类，具有表达情感、沟通信息、表现审美情趣、施展艺术才能等功能，并在一定程度上可以充当人追求精神不朽的途径和载体。书法作品作为一种产品，把相关的人群分成书法的生产者即书法家和书法的消费者即受众，在特定的政治、经济、社会文化背景下，书法家和受众的互动以及书法家彼此之间的竞争，共同促进了书法的进化或书法史的发展演变。在以上理解的基础上，我们来具体分析"人书俱老"的内涵。

## 一、孙过庭对"人书俱老"的提出

　　先看看孙过庭在《书谱》中如何提到"人书俱老"及其上下文。

　　若思通楷则，少不如老；学成规矩，老不如少。思则老而逾妙，学乃少而可勉。勉之不已，抑有三时；时然一变，极其分矣。至如初学分布，但求平正；既知平正，务追险绝；既能险绝，复归平正。初谓未及，中则过之，后乃通会。通会之际，人书俱老。仲尼云：五十知命，七十从心。故以达夷险之情，体权变之道，亦犹谋而后动，动不失宜；时然后言，言必中理矣。是以右军之书，末年多妙，当缘思虑通审，志气和平，不激不厉，而风规自远。子敬已下，莫不鼓努为力，标置成体，岂独工用不侔，亦乃神情悬隔者也。或有鄙其所作，或乃矜其所运。自矜者将穷性域，绝于诱进之途；自鄙者尚屈情涯，必有可通之理。嗟乎！盖有学而不能，未有不学而能者也。考之即事，断可明焉。[1]

　　孙过庭认为，在学习书法这件事上，年轻人和老年人各有各的优势：论思考总结规律，自然老年人好些；而学习一些基本的动手技能，自然年轻人好些。或者说人在年轻的时候和在老年的时候，学习书法的心境和表现不一样，体现出某种基本的、模式化的阶段性特征：从"平正"到"险绝"，再从"险绝"复归"平正"——第二个"平正"是对

1. 上海书画出版社、华东师范大学古籍整理研究室选编、校点《历代书法论文选》，上海书画出版社，1979，第129页。

第一个"平正"的否定之否定，是融入了"险绝"之后的"平正"。第一个"平正"是指人刚刚接受教育时期的表现，乖巧、听话、不敢造次，对应到学习书法就是用笔简单、字形端正。"险绝"，就是指人逐渐长到青壮年，精力充沛，胆子大，自觉见识多了、成熟了，叛逆、自信甚至自负，各种能力似乎都具备，各种事情都想尝试，总想"冒险"，总要"争强好胜"；对应到书法上，就是开始对循规蹈矩的临摹或初级创作不耐烦，急于追求个性，推陈出新，自以为学谁都像，感觉哪种风格都能闯出名堂。第二个"平正"，在做人上对应着老年，这时候人已经经历了人生的大半，精力不甚充沛，经历经验却非常丰富，知道自己什么能力、什么水平，知道自己这辈子干了什么、能干什么、能干到什么程度，对自己的定位比较清楚，对世界更多的是一种"欣赏者"而非"剧中人"的角色，因而心态比较平和，说话做事很有分寸；对应到书法上，就是知道自己喜欢、适合什么样的字，也知道自己的水平，结合平生所学的技法和人生体会，摸索出一种适合自己的、貌似统一的风格。所谓"通会之际，人书俱老"，就是说人在老年的时候，书法已经练了较长时间，达到了一定的水平，对书法、对自己、对人生、对世界都有了比较平稳和清晰的认识，达到融会贯通之境时，人与书法变得老到、成熟。

初看起来，似乎每个人都可以"人书俱老"，但是人的老和书的老却不一样。人的年纪随着时间的推移逐渐变老，是一个"自然而然"的过程；人或许还存在一个知识、心态、智慧、品德、格调、修养上的"老"，这就涉及对"老"字内涵的界定

了。书法的"老"恐怕也不容易界定。比如孙过庭所举的"人书俱老"的例子，"书圣"王羲之，其晚年书法多妙，因为他做人"思虑通审""志气和平"，且书法"不激不厉""风规自远"。这是他对王羲之其人其书达到的"老"的描述。我们暂且把孙过庭所谓的"老"粗略地理解为成熟、老成或个性特征的完成。

## 二、熊秉明对"人书俱老"的解读

当代学术界对"人书俱老"谈得比较多的学者之一是熊秉明。

熊秉明在《书法与人生的终极关怀——老年书法研究班讲稿》一文中多次提到"人书俱老"：

> 书道班所说的人生哲学究竟是普遍的理论，而我们平常说的"书如其人"的人，是指个体的人，具体的人。书法和个人的关系如此密切，不仅指他的个性、禀赋、性情、学问、人生观，更包括实实在在的人生经历，日日夜夜累积起来的饥渴、病痛、悲欢离合、希望和惊忧、失败与成功，终于到了老年。人已老，书亦老。到了生命的暮晚，有怎样的心境？又有怎样的书境？我们常听人说："我的字不好"，或者"我不喜欢我的字"。到了老年，我们应该能写出表露自己性灵的字。能够写出表露自己性灵的字，在心理上应该是自在的，愉快的。因为这一种活动也就是你真正存在的状态。另外我们应该有一种认识，回顾过去一生写的字，能认同那是

过去的我的字，能认同自己过去的字，也即是对个体的历史的认同。能认同个体的历史，当可以接受个体生命的完成和终结。我在"老年书法班简介"里是这样写的："西方哲学家说：'人是领会存在的存在者。'中国人写书法正是从躯体与心灵两方面领会存在的真实。""领会"不只是一种感受，并且有意识地去反思。反思使感受更真实。这就是在这个老年书法班我们所要做的：在老年感受并且反思老的意义，反思并且感受人书俱老的意义。

…………

超我和自我有矛盾，超我所悬的标准可能太高，或者根本与个人的脾性不合，自我无法达到，或者经过长期的训练达到了，那只是很好的模仿，并无自己的面目，只有多方模仿，才能逐渐察觉和自己性情接近的风格。潜我和自我也有矛盾，自我无法接受潜我带来的败笔。在长期训练中，到个人风格逐渐形成的阶段，超我不再定一种帖作为高不可攀的标准，强迫自我去学。临过了许多不同风格的碑帖，眼光放宽了。而自我能接受潜我的乖顽，认识败笔的趣味，把败笔吸收入个人的风格之中。那时不再有所谓的败笔与失误，也就是说他在心理上三我趋向统一。老境应写出这样的字来，超越成功与失败。因为超越一切外在的标准，他写字可以自由地写，放心地写，他可以哀痛地写，酣

畅地写，他到了"从心所欲不逾矩"的境地。三我的微妙的组合，那是真正的"人书俱老"。

…………

我们已经说过，人书俱老的境界是三我的谐和，达到了这境地，书法的风格便达到成熟。他的生命是惟一的，独特的，他的书法也是惟一的，独特的。许多年后如果还有人喜爱，并不因为他的新而是因为他的独特。所谓新的，在时间的长流里，都要变成旧的。

…………

这几天我们一直在说"人书俱老"的意义，简要的说来，就是人的心理活动包含三个部分：自我、超我和潜我。三我之间互相影响，也互相牵连，也互相矛盾。西方人看到矛盾冲突的方面，而中国人看到谐调互动的方面。书的老是书达到一个成熟的风格，而人的老是三个"我"形成协调的整体，"超我"的理想与意识的"自我"渐相接近，意识的"我"渐能容纳"潜我"的许多乖顽，这个状态不是一旦达到之后便平静无事了，仍然要不断做努力。[2]

之所以把熊秉明的观点大段地放在这里，是因为他说得很清楚，很有耐心，很像一位长者说的话。事实上，写这篇文章的时候，他已经80岁，并且于一个月后就去世了。他对"人书俱老"的认识，主要是三条。一是"书如其人"，不光包括人的抽象一面如性格、气质、世界观之类，还应该表现具体的、实实在在的人生经历、感受——应当能够愉

2. 熊秉明：《书法与人生的终极关怀——老年书法研究班讲稿》，《中国书法》2003年第12期。

快地写出表露性灵的字。二是从心理学出发，认为人的"老"应当是"自我""超我"和"潜我"的和谐，进而接受自己的独特与完成。三是书法的"老"应当是"成熟""惟一""独特"的，"可以自由地写，放心地写"，"可以哀痛地写，酣畅地写"，要到"'从心所欲不逾矩'的境地"。相较于孙过庭，熊老主要是从书法对于人，特别是对于老年人的心理功能——陪伴、表达、安慰、自我认同——角度讲的。他的诠释似乎有点"普度众生"的意味，似乎"人书俱老"是很多人都可以达到的境界。

## 三、邱振中对"人书俱老"的分析

邱振中先生近几年也对"人书俱老"作了相当多的论述。

他在《"人书俱老"：融"险绝"于"平正"》一文中，结合王羲之及其经典作品，对孙过庭《书谱》涉及"人书俱老"的相关段落进行了深入细致的解读和研究。他认为"孙过庭提出的'人书俱老'的命题，是中国书法思想史，也是中国美学思想史最重要的命题之一。它确立了中国书法的最高理想：'人'与书法的共生"[3]。他认为王羲之的老年作品，总体气息是从容、精到、谐调的，在笔法、结构、章法等方面"收获了前所未有的复杂性——这个时代其他人不具备的、不可思议的复杂性"[4]，而这种复杂性的获得，绝对不是"设计"和"安排"的结果，而是自然而然的流露。这种自然而然的流露，

是由于王羲之"信属目前""不掺杂技术意识"、忠实于"目前一瞬间"的"即时生存状态"的"理想状态"的"日常书写"[5]，而这种坚持"信属目前"的"日常书写"，与"书如其人"的书写有本质的区别。因为"书如其人"是先确立了一个"人"的形象，然后使书写向这个"人"靠拢，这期间个体的"书写状态"与"即时生存状态"是截然不同的。"书如其人"，由于书写中"创作"或"技术意识"的"在场"，人在书写的同时，始终是"书写行为"本身的观察者。进而，"书如其人"是"人书俱老"在书写环境不断改变时必然的结果。邱振中把"人书俱老"和"不掺杂技术意识"的"日常书写"特别是其中"出色的书写"紧紧地联系在了一起。

邱振中对"人书俱老"的微观层面即"人生体悟融入书写的机制"进行了极为深刻的分析，为我们认识书法创作和书法史提供了更细微的角度和更广阔的视阈。

## 四、本文的综合分析

结合以上三位作者的观点，我们能够对"人书俱老"得出什么样的认识呢？

首先，我们应该理直气壮地争取一项权利，即对"人书俱老"重新诠释或者"接着讲"的权利，就像优秀的书画、文学、音乐作品那样，一旦问世，就不再只是属于原作者，不再只是它的创造者的私有物和附庸，而是有了相对独立的"生命"。作品

3. 邱振中主编《日常书写》，中央编译出版社，2017，第77页。
4. 同上书，第65页。
5. 邱振中在其主编的《日常书写》一书中强调："日常书写"指的是为日常生活所需而进行的、不带有技术意识的书写。

一旦进入共同体的场域，所有在场的人都可以与之相遇并发生各种各样的关系。"人书俱老"这个概念也是这样，一旦被抛出，任何一个关切特别是准备严肃对待"人书关系"的人，都可以对之进行思考和诠释。在孙过庭那里，"人书俱老"是一个极难达到的境界，他只举了王羲之的例子，从某种程度上说，也许他认为只有王羲之达到了这个高度。邱振中对孙过庭看似散乱的论述进行了梳理，并提出了达到"人书俱老"的作品应该具备的特点，以及相应的创作状态。熊秉明与此二位的理路不甚相同，他不是把"人书俱老"当成只有极少数天才才能达到的至高境界，而是在对技术没有极高要求的前提下，写出有个性、能抒发"自己性灵"的字的一般境界。本文主要是沿着孙过庭和邱振中的理路"接着讲"，也对熊秉明的部分思想予以吸收。

其次，笔者认为，"人书俱老"可以分成两个层面来理解。一是相对宏观的层面：在一个比较长的时期内，比如从一个人认识书法开始，直到他生命终了，他与书法的关系。二是相对微观的层面：一个书写者或者一个以书法为志业的书法家具体到每一个瞬间的书写，他与书法之间的关系，可以用"日常书写""即时生存状态书写""信属目前一瞬间""人和书法的共生"来指称，还可以考虑用"人书合一"来指称。

无论是临摹还是独立创作，都有一些基本的"生产线"。临摹作品的生产线是：范本—眼睛—大脑—手—笔墨—纸。创作作品的生产线是：眼睛—大脑—手—笔墨—纸。"眼睛—大脑—手"是书写活动最核心的环节。理想的创作除了发挥眼睛的"信属目前"的作用，剩下的主要是大脑和手的交互作用。这里的大脑并非一个空洞的器官，而是包蕴着人的知识（包括书写的技巧和经验）、修养、理念、情感、意志、体验、感觉（包括对书写感受的记忆和再现能力）等方方面面的精神要素，从中国哲学话语的角度，统称为"心"。这里的手，当然也不是一双普普通通的手，而是有着书写者各阶段书写技术、书写经验的手。因此，书写时的人书关系，很大程度上变成了"心"和"手"的关系。事实上，孙过庭在《书谱》中多次直接或间接地提到"心手关系"，如：

信可谓智巧兼优，心手双畅；翰不虚动，下必有由。[6]

讵知心手会归，若同源而异派；转用之术，犹共树而分条者乎？[7]

心不厌精，手不忘熟。[8]

无不心悟手从，言忘意得。[9]

无间心手，忘怀楷则。自可背羲、献而无失，违钟、张而尚工。[10]

非夫心闲手敏，难以兼通者焉。[11]

心昏拟效之方，手迷挥运之理，求其妍妙，不亦谬哉！[12]

6. 上海书画出版社、华东师范大学古籍整理研究室选编、校点《历代书法论文选》，上海书画出版社，1979，第125页。
7. 同上书，第126页。
8. 同上书，第129页。
9. 同上书，第129页。
10. 同上书，第131页。
11. 同上书，第130页。
12. 同上书，第125页。

故可达其情性，形其哀乐。[13]

得时不如得器，得器不如得志。[14]

若五乖同萃，思遏手蒙；五合交臻，神融笔畅。[15]

外状其形，内迷其理。[16]

若运用尽于精熟，规矩闇（谙）于胸襟，自然容与徘徊，意先笔后，潇洒流落，翰逸神飞。亦犹弘羊之心，预乎无际；庖丁之目，不见全牛。[17]

孙过庭十分强调书法创作和日常积累中"心"和"手"的关系。在具体创作时，要心无旁骛、心手合一无间，心和手之间的通道要完全打通，心中的人生经验和书法技术才能通过手的动作表达出来。在平时练习中，除了多花时间勤奋学习外，更重要的是悟透书法笔法的规律和原理，要做一个善于学习的人。

此外，孙过庭还强调人除了学习书法之外，还要努力提高自己的修养，努力使自己变得完美："然君子立身，务修其本。"[18] 尽管每个人都是从前辈大师那里学习书法，但是到了一定的火候，一定要善于发展自己的风格，不可以失了自己的真性情和书法的"真体"：

何必刻鹤图龙，竟惭真体；得鱼获兔，犹吝筌蹄。[19]

个人的修养，书法的真体，或许也是"人书俱老"的"老"字除了"老成""成熟"之外包含的意思。

综上所述，本文认为，"人书俱老"就是这样一个过程和结果：人和书法相生相伴，互相促进；人在不断变老的过程中不断提高自己的修养和书法技艺；书法也随着自己修养和技艺的提高（甚至要达到极高的技术水准），通过每一次"心手无间"的超越技术自觉意识的"日常书写"，形成自己满意的风格和韵味，从而起到抒发个人性灵的作用。由此，书法成为人心灵的写照，以至于这些书作遗留后世，成为作者"可见的灵魂"和"生命的延续"，有些还成为后世学书者的楷模。

有必要强调指出，"日常书写"是"人书俱老"的必要前提条件，没有"出色的""日常书写"就不可能有真正的"人书俱老"；然而除了"日常书写"，"人书俱老"还须人在道德修养方面有很高的造诣。

13. 上海书画出版社、华东师范大学古籍整理研究室选编、校点《历代书法论文选》，上海书画出版社，1979，第126页。
14. 同上书，第127页。
15. 同上书，第127页。
16. 同上书，第127页。
17. 同上书，第129页。
18. 同上书，第125页。
19. 同上书，第131页。

# "古"与"真"之间
## ——心学语境下徐渭书学之"本色"

文 / 王蓉    中国人民大学

**摘要：** 徐渭，作为晚明时期书法大家，其文艺观深受时代文派、禅宗高僧及阳明心学的影响，主张顺应自然、尊重本性；以"本色"与"相色"为文艺评价标准，追求"独抒性灵"；在书法实践中，既尊重传统又力求创新，追求真实、自然的艺术境界。本文将从"寻古"与"求真"两个层面深入分析徐渭书法的本色观，并探讨其影响下的书法实践。

**关键词：** 阳明心学 本色 徐渭 书法 寻古 求真

## 一、徐渭"本色"观的哲学根基

徐渭的一生，可谓命运多舛，充满了浓厚的悲剧色彩。时人袁宏道曾感慨道："古今文人牢骚困苦，未有若先生者也。"[1] 而今人王长安在《徐渭三辨》中以"十字歌"精准地概括了徐渭的坎坷生涯："一生坎坷，二兄早亡，三次结婚，四处帮闲，五车学富，六亲皆散，七年冤狱，八试不售，九番自杀，十（实）堪嗟叹！"[2] 正是这样一段充满磨难的人生经历，铸就了徐渭孤傲不群的个性，并进而孕育出他在艺术领域的辉煌成就。

明初，政治上中央集权日益加强，程朱理学占据了意识形态的主导地位，文人们受其影响，多致力于歌功颂德，思想逐渐趋于保守和萎靡。然而，随着晚明时期资本主义萌芽的出现，社会经济结构发生变化，人们的思想与价值观念也随之发生了极大的转变。在这种背景下，阳明心学逐渐进入人们的视野，并以"致良知"为核心思想，吸引了大批追从者。当时，哲学界存在着两种最基本的倾向：一是以王阳明为代表的"王学"，强调个体内心的良知与体悟；另一路则是传统的"程朱理学"，注重天理与纲常名教。徐渭，作为晚明时期的杰出文人，显然倾向于前者。他在《评朱子论东坡文》中直言不讳地批评程朱理学，认为"吹毛求疵，苛刻之吏，无过中求有过，暗昧之吏。极有布置而了无布置痕迹者，东坡千古一人而已。朱老议论乃是盲者摸索，拗者品评，酷者苛断"[3]，过分吹毛求疵、苛刻而无实际价值。他赞赏苏轼的文章布局自然，无迹可求，而对朱熹的评论则持批判态度，认为其如同盲人摸索，扭曲事实，过于严苛。明太祖朱元璋及明成祖朱棣在位期间，理学虽然得到官方推崇，但已逐渐背离了其"经世致用"的初衷，变得庸俗而不实用。徐渭对程朱理学的批判，正体现了他对时代思潮的不满和对真理追求的坚定。

徐渭的哲学思想虽根源于王阳明心学，但他受王阳明本人的直接影响并不显著，而是更多地从王

1. 袁宏道：《徐文长传》，载《徐渭集》，中华书局，1983，第 1342 页。
2. 王长安：《徐渭三辨》，中国戏剧出版社，1995，第 33 页。
3. 徐渭：《徐渭集·卷二跋赞铭记》，中华书局，1983，第 1096 页。

学传人季本、王畿处汲取心学精髓。黄宗羲在《明儒学案》中详述了王学的传播区域，划分七大派别，其中"浙中王门"一派影响尤为深远。徐渭生于浙江绍兴，阳明先生卒时，徐渭才九岁，这片土地孕育了深厚的王学思想，为他提供了滋养的源泉。徐渭在自撰的《畸谱》中专设"师类"一节，列出其一生所师从的五位师长，分别是王畿、萧鸣凤、季本、钱楩、唐顺之。其中，王畿与季本对徐渭的影响尤为显著。王畿作为王阳明的杰出弟子，以其激进的态度推动了心学的广泛传播，心学之所以能够历经百年而不衰，王畿的贡献功不可没。徐渭的哲学思想深受王畿影响，体现了对心学理念的深刻理解和实践。季本作为王阳明的早期弟子，其学术见解亦对徐渭产生了深远影响。"廿七八岁，始师事季先生，稍觉有进，前此过空二十年，悔无及矣。"[4] 王畿与季本同为王学传人，但学术侧重有异。王畿重发挥"致良知"学说，强调个体实践中的体悟；季本则更侧重于理论阐释。这种差异在徐渭的哲学思想中得以体现，他既承袭王学精髓，又融入个人独特理解与实践。

徐渭的哲学思想虽然根植于王学，但他与晚明文学革新派"公安派"的契合也尤为深刻，这主要体现在他反对前后七子的复古风气，主张"独抒性灵，不拘格套"。这种契合不仅是思想层面的共鸣，更是对时代风气影响要素的深刻反映。因此，除了王学的影响外，时代文派的风尚也构成了徐渭哲学

观的另一重要内容。在文派领域内，徐渭的思想与诸多大儒相互影响，彼此补充，形成了独特的思想体系。

此外，徐渭的文艺观还受到了禅宗高僧王芝和尚的深刻影响。在《自为墓志铭》中，徐渭表达了自己对于"道"与"禅"的探求："既而有慕于道，往从长沙公究王氏宗。谓道类禅，又去扣于禅，久之，人稍许之，然文与道终两无得也。"[5] 顺应人的自然天性、尊重人的血肉之躯是人生的基本要义。这与徐渭的"自然观"不谋而合，都强调了顺应自然、尊重人的本性。

## 二、徐渭的"本色"书法观

王学思想中的"三教合一""自然为宗""本色论"等核心理念对徐渭艺术思想产生了决定性的深远影响，据《明儒学案》所载："乐乃心之本真，其本质活泼洒脱，毫无羁绊束缚。"[6] 王阳明在正德年间讲学中不断强调："仙家说到虚，圣人岂能虚上加得一毫实？佛氏说到无，圣人岂能无上加得一毫有？但仙家说虚从养生上来，佛氏说无从出离生死苦海上来，却于本体上加却这些子意思在，便不是他虚无的本色了，便于本体有障碍。圣人只是还他良知的本色，更不着些子意在。"[7] 这里的"本色"概念已由指称客体外在的本色，转变为指称主体内在的本来。徐渭书论中汲取了王阳明的"本色"

4.徐渭：《徐渭集·附录》，中华书局，1983，第 1332 页。
5.徐渭：《自为墓志铭》，载《徐渭集》，中华书局，1983，第 638 页。
6.黄宗羲：《明儒学案》，商务印书馆，1931，第 13 页。
7.刘宗贤：《陆王心学研究》，山东人民出版社，1997，第 372 页。

思想，并深化拓展，提出了"本色"与"相色"这一对立的观念。他成功地将心学思潮融入书学理论，成为深得"性灵主张"精髓的书法家之一。在书论史上，徐渭以其开创性的贡献对后世的书法理论与实践产生深远影响。

徐渭所提出的"本色"理念，旨在强调真实、自然地表达个人真性情，与"真我"之说相契合，均主张人们应坦诚展现内心，摆脱外界束缚。这一思想在徐渭书论中得以彰显。他在《跋张东海草书卷》中指出："夫不学而天成者尚矣，其次则始于学，终于天成，天成者非成于天也，出乎己而不由于人也。"[8] 徐渭强调，在学书过程中，先天因素并非决定因素，"始于学""出乎己"才是关键。"出乎己而不由于人也"则是意味着在学习过程中，应不拘泥于条件，从自身出发，寻找合适的学习路径，以展现书家的"本色"。徐渭对近世书法状况持批判态度，认为过于追求"出己意"而忽视对历代经典和古法的学习，导致书法"点画漫不省为何物"，失去了根基和内涵，更无法追求"天成"。他主张深入学习传统，掌握古法，以领悟书法真谛，批评那些只追求个人风格而忽视传统的学习者。

总的来说，徐渭的"本色"观在书法中的体现，多集中在其书论《笔玄要旨》与《玄钞类摘》中，可以从"寻古"与"求真"两个方面进行深度阐释。

**1. 寻"古"**

《笔玄要旨》不仅凝聚了徐渭个人书法的切身体验，还融汇了前人的书学智慧。徐渭对古法推崇

备至，深信唯有深入研习，方能洞悉书法之精髓，进而达到"天成"的至高境界。他明确指出："一日不思便觉思涩，古人未尝废书，须将名书日课临数纸，方入书道。"[9] 这一观点凸显了他对书法学习不懈追求的执着态度。在书法创作层面，徐渭同样展现出深厚的造诣。他巧妙运用中庸之道，即使在面临创作难题时，也能灵活变通，以求艺术之完美。这种中庸思想在《徐渭集》的《论中》七篇中得到了充分体现，由此可见徐渭对儒家思想的深刻理解。徐渭以"中"为行为准则，主张在书法学习中应心无旁骛，专心致志。他认为，只有全神贯注于书法之道，方能领悟其真谛，进而达到神品境界。这一观点与《笔玄要旨》中的论述相互呼应，共同强调了理解并驾驭书法义理，以及专注在学书过程中的重要性。此外，徐渭并不满足于对古法的简单模仿，而是追求推陈出新。他强调临摹时应注重笔意而非仅局限于点画形态。他认为"尽仿古人则少神气，专务遒劲则俗，病不除须熟习精通，心手相应。书法不必凭文按本，妙在应变无方，故曰摹临古帖毫发精研，自运机局，得鱼忘筌，善学者知之"[10]。他主张在熟练掌握笔法的基础上，发挥个人创造性，使书法焕发出独特的神采。"师心纵横，不傍门户"[11]，这种应变无方的创作理念，正是徐渭书法艺术的精髓所在。

对于初学者而言，书法学习之路应着重于对古法的尊崇、对临摹技法的掌握、学书用功的态度以及心无旁骛的专注。这些要素在徐渭的《笔玄要旨》

8. 徐渭：《徐渭集》，中华书局，1983，第 1091 页。
9. 徐渭：《笔玄要旨》，载《四库全书存目丛书·子部》第七十一册，齐鲁书社，1995，第 855 页。
10. 徐渭：《笔玄要旨》，载《四库全书存目丛书·子部》第七十一册，齐鲁书社，1995，第 855 页。
11. 徐渭：《徐渭集》，中华书局，1983，第 976 页。

中得到了深入的探讨。关于临摹的奥妙，徐渭明确指出："临书易失古人位置而多得其笔意，摹书易得古人位置而多失其笔意，临书易进，摹书易忘，经意与不经意也。"[12]他深入剖析了"临"与"摹"的各自优势与潜在缺陷，强调了摹书虽能精准复制古帖的结构，但往往难以捕捉其内在的笔意。

唐代书法家孙过庭《书谱》也提到"察之者尚精，拟之者贵似"[13]，强调了观察之精准与模仿之近似的重要性。徐渭与孙过庭的观点殊途同归，都认为临摹虽为书法学习之基石，但真正的精髓在于对笔法精熟的掌握以及在此基础上的意态与创造性的展现。徐渭进一步提到："书法不必凭文按本，妙在应变无方，故曰摹临古帖毫发精研，自运机局，得鱼忘筌"。"得鱼忘筌"一词源于《庄子·外物》，意指达成目标后忘却所用之工具。在书法中，这指的是摹帖虽为基础，但真正的艺术追求应超越其形，深入其神。通过精研古帖，初学者应逐渐达到挥洒自如、神韵自现的境界。

**2. 求"真"**

徐渭在《涉江赋》中自陈"余年亦三十有二，既落名乡试"，友人见状，不禁感慨其"子发白矣"，意指他过早地显露出衰老之态。此时的徐渭，面对自己"理道无闻而毛发就衰"的境遇，深感对天地宇宙至大智慧的探求尚浅，恐怕在理解其真谛之前便已老去。他在文中提及"至于进退之间，实所不论"，这不仅是对个人功名利禄的超脱，更是对世俗价值观的摒弃。这种超越世俗、追求精神自由的思想，在当时的社会中实属罕见。在探寻生命真谛的过程中，徐渭提出了著名的"真我"理论。他坚信，唯有挣脱世俗的桎梏与自我设限，方能实现内在的成长与真正的自由。

徐渭曾说："无形为虚，至微为尘，尘有邻虚，尘虚相邻。天地视人，如人视蚁，蚁视微尘，如蚁与人，尘与邻虚，亦人蚁形。……爰有一物，无挂无碍，在小匪细，在大匪泥，来不知始，往不知驰，得之者成，失之者败，得亦无携，失亦不脱，在方寸间，周天地所。勿谓觉灵，是为真我，觉有变迁，其体安处？"[14]此段文字深刻阐释了无形与有形、微尘与世界、个体与整体间的辩证关系，揭示了一种超越大小、得失、往来等世俗羁绊的存在状态。徐渭以蚂蚁与微尘为喻，指出人们对于世界的认知和理解是相对的，而真正的存在状态应超越这些相对概念，达到一种既能在"方寸之间"存身，又能"周天地所"的自在境界。

徐渭的"真我"观，其思想根源可追溯至庄子。在《庄子·田子方》中，"宋元君将画图，众史皆至，受揖而立，舐笔和墨，在外者半。有一史后至者，儃儃然不趋，受揖不立，因之舍。公使人视之，则解衣般礴，裸。君曰：'可矣，是真画者也。'"[15]庄子借一位不拘世俗礼仪的画家之形象，阐述了道家"任性自然"的哲学思想。这位画家摆脱精神束缚，以自然之态进行创作，不受外界干扰，以"真我"之心去感知世界，其理念与徐渭的"真我"观相契合。徐渭强调在艺术创作中，应超越法度的拘

12. 徐渭：《笔玄要旨》，载《四库全书存目丛书·子部》第七十一册，齐鲁书社，1995，第850页。
13. 上海书画出版社、华东师范大学古籍整理研究室选编、校点《历代书法论文选》，上海书画出版社，1979，第124页。
14. 徐渭：《徐渭集》，中华书局，1983，第35—36页。
15. 陈鼓应：《庄子今注今译》，中华书局，1983，第528页。

束，追求自然之态，使作品呈现出不事雕琢、浑然天成的艺术效果。

在《玄钞类摘序》中，徐渭以其独到的文艺观"心为上"之理论，凸显了"心"在艺术创作中的核心地位。开篇即发出"书法亡久矣"的慨叹，指出明代前期书法深受元人复古主义影响，通过间接学习元人而追溯晋唐遗风。然而，这种过于刻板的理念束缚了书法的创新与发展，最终催生了台阁体的出现。徐渭则另辟蹊径，提出对书法的理解始于执笔，并深入阐释了书法创作中的心手关系。他认为，"书致""书思""书候""书丹"等方面皆为心之体现，而"执笔""运笔""书法例""书法""书功"则为手之运用。他将"书原""书评"视为次要之末。徐渭详细阐释了"书致"是在不懈学书的基础上追寻书法的深层旨意，"书思"是对书法旨意的反复思索，"书候"是在深思熟虑后形成的独特书法观念。

在《玄钞类摘序》中，徐渭进一步阐释道："自执笔至书功，手也；自书致至书丹法，心也；书原，目也；书评，口也。心为上，手次之，目口末矣。"[16] 他认为，无论是"观雷太简闻江声"以悟笔法，还是通过"担夫争道""公孙大娘舞剑器"等典故认识运笔之道，这些条件的构成均源于"心"的作用。徐渭的这一理论，强调了"心"在书法创作中超脱于笔画字形的主导地位。

徐渭的"本色"观中，"求真"理念在书写时的临摹观及执笔法两方面得以彰显。徐渭于《书谢曳时臣渊明卷为葛公旦》中提及："不知画病不病，不在墨重与轻，在生动与不生动耳。"此言揭示了书画中的"生动"之要，非创作过程中的墨色深浅，而是艺术作品整体所展现的效果能否与接受者产生共鸣，尤重其是否生动传神。在《书季子微所藏摹本〈兰亭〉》中，徐渭又言："非特字也，世间诸有为事，凡临摹直寄兴耳，铢而较，寸而合，岂真我面目哉？临摹《兰亭》本者多矣，然时时露己笔意者，始称高手。"他主张临摹时不宜过分拘泥于线条与结体的外在形态，避免过分拘泥于细节，"铢而较，寸而合"，而应重视书写过程中笔意的流露，这与《笔玄要旨》中临与摹的关系相呼应，强调"直寄兴"方显"真我"本色，此正是评判书法高手或大师的准则，亦与中晚明书坛在心学影响下所追求的自由艺术生态相契合。

至于执笔法，据《笔玄要旨》记载："世俗皆以单指苞之，单钩则肘臂着纸，力不足而无神气，便有拘局而不放浪的意，自必以双指苞管，盖撮中指而敛食指以助之者也。虽云要齐，又不必十分牵之使齐，亦要有自在意思方得。"[17] 世人常采用单苞法，然此法易致肘臂着力不足，作品无神气，显得拘谨而不放达。双苞法则撮中指、敛食指以助之，虽要求手指齐整，但不必过分牵引以求整齐，须保持自在之意。文段中提及单苞与双苞，实则强调在执笔过程中，不必拘泥于手指的排列，而应追求"自在意思"，与徐渭所倡导的"得之者成，失之者败"的"真我"文艺观相互印证。

---

16. 徐渭：《徐渭集》，中华书局，1983，第535页。
17. 徐渭：《笔玄要旨》，载《四库全书存目丛书·子部》第七十一册，齐鲁书社，1995，第848页。

### 3. 徐渭"本色"观下的书法理论与实践

徐渭在书法理论上亦有所建树，他在《笔玄要旨》中详细论述了书法学习的基础问题，包括执笔、临摹、选帖、用功等方面，这些都是形成其独特艺术风格的先决条件与重要因素。他强调书法的"自然天成"与"抒发本性"，这与其深受阳明心学影响的哲学观和文艺观紧密相连。在徐渭看来，书法既是技艺展现，更是心灵流露。他凭借独到的"本色"观，深刻洞察书家内在精神与风格，对每位书家的风格都有独到的见解。

徐渭在《评字》一文中对宋元书家作评述："黄山谷书如剑戟，构密是其所长，潇散是其所短。苏长公书专以老朴胜，不似其人之潇洒，何耶？米南宫书一种出尘，人所难及，但有生熟，差不及黄之匀耳。蔡书近二王，其短者略俗耳，劲净而匀，乃其所长。孟頫虽媚，犹可言也。其似算子率俗书不可言也。"[18] 这种评述不仅体现了他对书法艺术的深刻理解，也展现了他独特的"本色"观。相较于黄庭坚书法的构密与潇散并存，苏轼的淳朴中缺乏潇散之气，徐渭更欣赏米芾书法的清新出尘与狂怪恣肆。

徐渭在阳明学及王芝的自然观基础上，进一步提出"本体自然"的艺术理念，其反传统与反"中和"的态度使其艺术创作呈现出与端庄秀丽风格截然不同的特点。他强调自然天成与抒发本性，与郭象在《庄子注》序言中提到的"猖狂妄行而蹈其大方"相契合，徐渭、张瑞图、郑板桥一类书家正是这种"猖狂妄行"的典型代表。这种理念虽看似突破常理，且与当下的主流书风不同，但在他的书法实践中得到了充分体现。

徐渭的书法实践是在其"本色"观的理论指导下展开的。他自评"吾书第一，诗二，文三，画四"，将书法置于首位，足见其对书法的重视。袁宏道亦在《徐文长传》中对徐渭书法赞誉有加："文长喜作书，笔意奔放如其诗，苍劲中姿媚跃出。余不能书，而谬谓文长书决当在王雅宜、文征仲之上。不论书法，而论书神：先生者，诚八法之散圣，字林之侠客也。"认为其书法笔意奔放，苍劲中不失姿媚。徐渭挥洒笔墨，书法融入心灵与情感，突出其"本色"观的独特性和对传统书法的反叛精神，具有深厚的艺术底蕴和价值。

此外，徐渭在《书米南宫墨迹》一文中提到："阅南宫书多矣，潇散爽逸，无过此帖，辟之朔漠万马，骅骝独先。"[19] 徐渭欣赏米芾的狂怪恣肆，他将米芾书法比作万马奔腾中的赤色骏马，尽显豪放与恣肆，这种评价无疑体现了徐渭对自由、真实艺术的追求。在对比中，徐渭对蔡襄与赵孟頫的书法也进行了独到的评价，突显出他对端庄秀丽风格的反感。

徐渭在《评字》一文中坦言自己学习索靖书法未能得其精髓："吾学索靖书，虽梗概亦不得，然人并以章草视之，不知章稍逸而近分，索则超而仿篆。"[20] 尽管如此，在其书法作品中我们依然能够寻得章草笔法的踪迹。特别是在他的行草书法作品《草书七律诗轴》（图1）中尤为显著。该作品通

---

18. 徐渭：《徐渭集》，中华书局，1983，第1054页。
19. 徐渭：《徐渭集》，中华书局，1983，第1091页。
20. 徐渭：《徐文长小品》，文化艺术出版社，1996，第242页。

图 1 徐渭《草书七律诗轴》

篇气势磅礴，笔势酣畅淋漓，既展现出苏轼与黄庭坚的书法意韵，又巧妙融入章草笔法，如"籬"（篱）、"長"（长）等字，笔法多变，满纸龙蛇飞舞，烟云四起。这足以证明，尽管徐渭自称学索靖书法不得要领，但在其书法创作中，他仍能灵活运用各种笔法，形成独具一格的艺术风貌。

徐渭的哲学观起源于心学，同时又融合了禅宗和庄子的观念，为他的艺术理论提供了深厚的哲学基础。他的文艺观以"心为上"为核心，强调心灵在艺术创作中的主导地位。在艺术方面，徐渭使用新的分类原则，以"本色"与"相色"作为评价作品好坏的重要依据，体现其追求真实、自由的"真我"文艺观。在书法实践中，徐渭的书法作品展现了其独特的艺术风格，无论是尺幅书法还是题画诗书法，都流露出自然、潇洒、豪迈之气。其题画诗书法作品的呈现相对其尺幅书法作品来说稍显工稳，无太多奇异狂放之气，在书写过程中，笔性自然流露，依然展现出其潇洒豪迈的气韵。这种笔性与气韵的自然流露，正与其艺术创作中追求自由、真实和创新的理念不谋而合。

# 交游与作伪
## ——北宋丹徒葛蘩、葛蕴、葛藻人物考

文 / 陈彤 肖鑫　青岛科技大学艺术学院

**摘要：**北宋丹徒葛氏兄弟之名，散见于各类宋元笔记中，《山谷题跋》中有葛叔忱记载，米芾有《德忱帖》传世，其德忱者，便是葛蘩。现存研究中，虽偶有提及其人，但对其情况不甚了解，本文结合大量历史文献，对葛氏兄弟三人及其父祖的生平与交游情况进行了梳理与考证。

**关键词：**葛蘩　葛蕴　葛藻　葛源　交游　作伪

## 一、葛源、葛良嗣

《至顺镇江志》载：葛良嗣，字兴祖，先家处州之丽水，父度支郎中源，徙鄞，死葬丹徒，故为丹徒人。皇祐五年登进士第，终许州长社县主簿，王安石铭其墓。又注云：葛蘩（云父良嗣）；葛蕴（云良嗣子，蘩弟）。[1] 可知葛蘩、葛蕴为兄弟，葛蘩居长，俱为良嗣子。

葛良嗣（1013—1065）其人，《京口耆旧传》载：

> 葛良嗣，字兴祖，丹徒人。王安石为撰墓志。称其先家处之丽水。父度支郎中源。徙居明州之鄞，死葬丹徒。故为丹徒人。博知多能，数举进士。角出其上而刻厉修洁，笃于亲友慨然欲有所为，以效于世。年四十余，始以皇祐五年进士出仕州县，余十年，终于许州长社县主簿。兴祖于仕未尝苟，闻

人疾苦欲去之如在己（己），其所临视虽细故，人不以属耳目者，必皆致其心。论者多怪之，曰：兴祖且老矣，弊于州县而服勤如此。余曰：是乃吾所欲于兴祖者。夫大仕之则奋，小仕之则怠，忽不治非知德者也。兴祖闻之以余言为然。

> 安石又作良嗣挽诗云：忆随诸彦附青云，场屋声名看出群。孙宝暮年曾主簿，卜商今日更修文。山川凛凛平生气，草木萧萧数尺坟。欲写此哀终不尽，但令千载少知君。

> 子蘩尝知镇江府，蕴亦擢嘉祐八年进士第云。[2]

王安石（1021—1086）与葛家三代为故交，不仅葛良嗣死后为其书挽诗并撰写墓志，与其父葛源也早有往来。葛源（983—1054），字宗圣，进士第，为洪州司理参军，改大和簿。历知德化、四会二县，调知雍丘。时有中贵人击驿吏，府不敢劾，源上书论其事，中贵人坐黜。官终荆湖北路提点刑狱。葛源断案公正，南宋法学著作《折狱龟鉴》多记其事，《王安石文集》中有《谢葛源郎中启》：

> 伏念某受材单少，趋道阔疏，时所谓贤，少焉知慕。矧先君之德友，实当世之名卿。唯门墙之高，未始得望；故竿牍之衰，无容自通。如其仰望之丑。岂有须臾之间？敢图

1. 俞希鲁纂、脱因修《至顺镇江志》卷十八，镇江市图书馆影印本，第 31 页。
2.《京口耆旧传》卷一，载《四库全书·史部》，浙江大学图书馆影印本，第 9 页。

风谊，亲贬书辞，追讲前人之欢，坐忘介子之丑。拜嘉已厚，论愧则多。恭以某官，邦之耆明，朝所贵重，声旧行乎四海，势犹屈于一州，虽牧养之仁，士民犹赖；而褒升之宠，日月以须。唯兹蠢愚，其卒芘赖。伏惟为道自爱，副人所瞻。[3]

此文是王安石早年欲拜会葛源时所作，葛源此时已是当世之名卿，为时人所仰慕，他为官刚正，判罚公正而不徇私。王安石有"拗相公"之称，并非趋炎附势之人，他对于葛源的仰慕，应是晚辈对于前辈发自内心的敬仰。

## 二、葛繁

葛繁（一作繁），字德忱，号鹤林居士，葛良嗣长子，能诗善文，亦参佛理，与米芾、曾布、范纯仁、王古等交游，官至朝散大夫。崇宁间官许州临颍主簿，累迁镇江守。

元丰二年（1079），葛繁此时应尚未致仕，居杭州，为杭州庆善寺撰《天台教院记》。

元祐元年（1086）五月，葛繁以通直郎知广德军广德县事，元祐三年（1088），任兵器监主簿。其曾撰《净业院结界记》，文尾落"通直郎知广德军广德县事葛繁记"。

绍圣四年（1097）任"朝奉郎、管句真定府路都总管、安抚司机宜文字、骁骑尉、赐绯鱼袋"。其人向佛，居正定时，为正定龙兴寺（今隆兴寺）撰《龙兴寺大悲阁记》，其碑至今犹存。

葛繁长于诗文，曾校《苏州韦刺史集》十卷，现已不存，韦苏州即唐代诗人韦应物。《宋诗纪事》及周密《云烟过眼录》中收录其诗一首《题雪窦和尚亲书偈后》："真机昔振云门路，祖席今多雪窦孙。传到慧林花果盛，须知叶落总归根。崇宁二年，鹤林居士葛繁。"[4]

这里提到的雪窦和尚，据笔者考证，指的应是北宋云门宗高僧重显（980—1052），因其久住明州雪窦山资圣寺，后世多以"雪窦禅师"称之。重显弟子众多，有云门宗中兴之祖之称，这也符合葛繁诗中的记载。

葛繁的德行在北宋时就为人称道，典故"日行一善"就源出于他。其事见于《宋稗类钞》《仕学规范》等书。《水月庵乐善录》载："大观间一士夫于京师买靴，认一靴是其父葬时物。诘之，云一官员携来修，可候之。既至，乃其父。拜之，不顾，但取靴乘马而去。行二三里，度不可及，乃呼曰：生为父子，何无一言见教。父曰：学镇江太守葛繁。其子谒繁言之，因问何以为幽冥所重。繁曰：予始者日行一利人事，嗣后或二或三或十，今四十年矣未尝少废。问何以利人，繁指坐间踏子曰：此物置之不正则蹩人足，予为正之，若人渴，予能与杯水，皆利人事也，但随其事而利之，上自卿相下至贫匄皆可以行，惟在乎久。"[5]

葛繁的家庭情况，史载不详，《续资治通鉴长编》载："右正言刘安世又言：日近伏观除目内奉议郎程公孙堂差监在京商税院，葛繁兵器监主簿。（吕公著掌记云：葛繁名声籍籍，荆公始爱其材，

3. 王安石：《王临川全集》，世界书局，1935，第515页。
4. 厉鹗：《宋诗纪事》卷三十七，上海古籍出版社，1983，第944页。
5. 卢宪纂、史弥坚修《嘉定镇江志》卷二十一，中国国家图书馆藏刻本，第14页。

图 1　米芾《德忱帖》

后当国，以其不附己，疏之。）臣闻二人者，与执政皆是姻家，众论亦喧，无不愤叹，以为孤寒之士待次选部，动逾岁月，不得差遣，及有注授，仍守二年远阙，今公孙辈本系常调，止缘执政姻戚，而京师优便之职无名轻授，隳紊纲纪，滋长侥倖，甚非所以称陛下为官择人之意。伏望圣慈罢王毅、程公孙、葛繁新命，以伸公议。贴黄称：臣闻程公孙乃吕公著男希纯之妻兄，葛繁系范纯仁之同门婿，而执政徇私率意，无所顾惮，如此之甚。窃虑陛下体貌大臣，重伤其意，欲乞去此贴黄，付外施行。"[6]按此条记载，葛繁早年曾受到王安石的赏识，后因为不肯依附，又遭疏远。他与执政是姻亲，这里的执政，指的应该是范仲淹或其子范纯仁。葛繁与范纯仁是同门婿，即连襟关系。范纯仁，字尧夫，范仲淹次子，曾官至宰相，娶妻王氏，王质之女，则葛繁之妻也应是王质之女。葛繁因裙带关系受到时人的诟病，同时"名声籍籍"，也可知其有放荡豪纵的一面。

崇宁年间葛繁居润州，《嘉定镇江志》记载宋代历任润州太守，崇宁元年（1102）六月，曾布以观文殿大学士守润州，葛繁为朝请大夫。曾布（1036—1107），字子宣，北宋文学家曾巩（1019—1083）之弟，曾官至宰相，徽宗即位后，因得罪权相蔡京，屡次遭贬，大观元年（1107）年在润州去世，时年七十二岁。葛繁与曾布关系如何，虽未见史料，但曾布之兄曾巩与葛繁之弟葛蕴是至交，二人又同在润州为官，并一同终老于此，想来关系应该也较为亲密。

葛繁与书家米芾（1051—1107）亦颇有交谊，现存有米芾晚年墨迹《德忱帖》（图1），就是为葛繁所作。其帖文云：

五月四日，芾启：蒙书为尉，审道味清适。涟，陋邦也，林君必能言之。他至此见，未有所止，蹄涔不能容吞舟。闽士泛海，客游甚众，求门馆者常十辈，寺院下满，林亦在寺也。某去海出陆有十程，已贴书应求，傥能具事，力至海乃可，此一舟至海三日尔。海蝗云自山东来，在弊邑境未过来尔。御寇

6. 李焘：《续资治通鉴长编》第十七册，中华书局，2004，第246页。

所居，国不足，岂贤者欲去之兆乎？呵呵！甘贫乐淡，乃士常事，一动未可知，宜审决去就也。便中奉状。芾顿首。葛君德忱阁下。

有学者考证，米芾此帖作于元符二年（1099）五月四日，此时葛繁应还在润州，欲求莱州职事，故米芾告以路程行法。涟水在今湖南境内，米芾于涟水军任上，曾遭遇旱灾之后，又逢水灾之情况，当地田亩俱被淹没，许多通湖港道，初为防旱救田，而填土塞断。然水灾之后，地主豪姓只顾一己私利，仍不疏放，以致地势低洼之区，积潦难泄，为患颇大。米芾于致上司或同侪之信函中，特将在外实地所见表出，心中甚为不平。这是米芾"欲去"的重要原因。

葛繁崇信佛学，十分虔诚。"凡官居私舍，必饰净室安设佛像。每入室礼诵，舍利从空而下，普劝道俗同修净业，皆服其化。有僧定中游净土，见繁与王古侍郎同游宝池行树之间。俄闻繁无疾而化。"[7]除前文提到其在为官期间常为佛院撰写碑记外，另有两则故事。《诗话总龟》中载："山谷有'蕨芽已作小儿拳'之句。张阁云：'此忍人也。'时阁方为河内推官，而通判葛繁最喜蔬食诵经，故阁亦断荤，而有此语。"[8]《玉壶清话》称崇宁中"葛繁知润州，后告老居于润。繁奉观音极谨，久之绘像出舍利，繁每请之，礼数十顷，应时堕几案礋若有声。士夫闻之争匄以归。大观初，繁无疾正坐而逝。"[9]其记载的传闻虽涉神秘，却也说明葛繁崇佛甚笃的事实。

综上所述，葛繁的可考的活动时间大概从元丰二年至大观初年，合计二十余年，其卒年与曾布相近，由此向上推算，其生年应在仁宗朝早期，也与曾布相去不远才对。

## 三、葛蕴

葛蕴，字叔忱，又称葛八，葛良嗣次子，葛繁弟。他在历史上留下的痕迹较少，其主要行径在于对李白书法的作伪。

《浙江通志》载，葛蕴，嘉祐八年进士第，与沈括同榜，曾官任定海尉。葛蕴性格磊落豪迈，卓尔不群。[10]南宋董史《皇宋书录》有葛蕴小传，云："葛蕴，字叔忱。山谷题李白醉墨云……可宝藏也。南丰题葛蕴书云：葛君能属文，尤长于诗，又特善书，或以淡墨尘纸戏为之，假古人之闻名者以传而人莫能辨也，惜其早死，不大显于世。其诗多自书，以故余家藏颇多，而参寥又集其平生所往还书为大轴以示余，谓余尝知葛君者，欲余识之，若参寥与葛君可谓笃矣。"[11]

这则材料中提到与葛蕴交往甚笃的两个人物，"南丰"即北宋文学大家曾巩，"参寥"即宋僧道潜。与其兄长一样，葛蕴不仅能诗善文，而且"特善书"，可惜其逝世过早，致其声名不显。葛蕴对其书法非常自负，加之性格豪放不羁，常常伪造古代名人的书法，以戏谑时人。曾巩曾作《答葛蕴》诗一首称赞葛蕴："我初未识子，已知子能文。……得子百篇作，读之为忻忻。大章已逸发，小章更清

7. 瑞璋：《西舫汇征》卷下，载《新纂续藏经》第七十八册，新文丰出版社，1983，第 56 页。
8. 阮阅：《诗话总龟》前集卷二十，人民文学出版社，1987，第 284 页。
9. 卢宪纂、史弥坚修《嘉定镇江志》卷二十一，中国国家图书馆藏刻本，第 14 页。
10. 嵇曾筠修《浙江通志》卷一百二十三，浙江大学图书馆影印本，第 2058 页。
11. 董史：《皇宋书录》，载卢辅圣主编《中国书画全书》第二册，上海书画出版社，1993，第 638 页。

新。远去笔墨畦，徒识斧凿痕。想当经营初，落纸有如神。……发声欲荐子，自笑不足云。"[12] 从此诗可以看出，曾巩对葛蕴非常欣赏，尤其称赞他的诗文，他曾准备举荐葛蕴，但被葛蕴以"不足云"而婉拒，可见葛蕴淡于仕途。葛蕴的自书诗卷，现已不存，也没有其他可考的书迹传世，但通过曾巩的评价，可以想见葛蕴的书法艺术水准。

道潜（1043—1102），北宋诗僧，号参寥子，其与葛蕴交谊深厚，也与苏轼、秦观等相友善，苏轼甚称重之，谓其"诗句清绝，可与林逋相上下，而通了道义，见之令人萧然"。现有《参寥子》十二卷传世，中有一首《春日即事呈定海尉葛叔忱》也是其上乘之作：

曾台宿霞披，滴沥朝露湿。有客独登临，含情空伫立。

问君伫立何所为，报言远人尝有期。菊花黄日出山去，芳草绿时犹未归。

万壑千岩望何极，愿托孤鸿寄消息。少年游衍易蹉跎，翻恐归来不相识。

满目春晖花烂熳，花底幽禽自相唤。纷纷万类皆有从，独我参差邈云汉。

劝君不用长相思，容颜消竭神空疲。无情况有西楼月，夜夜清光照不亏。[13]

此诗意境含蓄，格调清远，通过几组景物描写，表达出道潜对于葛蕴的欣赏和劝勉。在道潜笔下，葛蕴似有愁绪，是一番消瘦形象，细细品读，也可见二人对于参禅的心得交流。

葛蕴的诗现虽已不存，但其曾作有《巫山高》诗，王安石赞其飘逸，作《葛蕴作巫山高爱其飘逸因亦作两篇》以相和。葛蕴曾书有《与育王大觉禅师帖》，现也已不存，其所书内容流传至今。

关于葛蕴伪造李白书法的记载，在北宋时已有很多。北宋晁说之《嵩山文集》《跋李太白草书》云："葛叔忱豪放不群，客为叔忱叹：'李太白无字画传于后。'叔忱一日偶在僧舍，纵笔作字一轴，自名之曰李太白书，以戏一世之士。且与其僧约，异日无语人，每欲其僧信于人也。"而《李太白诗集注》卷三十六亦谓："世传李太白草书数轴，乃葛叔忱伪书。叔忱豪放不群，或叹太白无字画可传，叔忱偶在僧舍，纵笔作字一轴，题之曰李太白书。且与其僧约，异日无语人，盖欲其僧信于人也。"[14]

黄庭坚《山谷题跋》所辑跋翟公巽所藏石刻中记载："李翰林醉墨，是葛八叔忱赝作，以尝其妇翁诸苏，果不能别。盖书忱翰墨亦自度越诸贤，可宝藏也。"[15]

邵博《邵氏闻见后录》载："世传李太白草书数轴，乃葛叔忱伪书。叔忱豪放不群，或叹太白无字画可传。叔忱偶在僧舍，纵笔作字一轴，题之曰'李太白书'，且与其僧约，异日无语人，每欲其僧信于人也。其所谓得之丹徒僧舍者，乃书之丹徒僧舍也。今世所传《法书要录》《法书苑》《墨薮》等书，著古今能书人姓名尽矣，皆无太白书之品第也。太白自负王霸之略，饮酒鼓琴，论兵击剑，炼丹烧金，乘云仙去，其志之所存者，靡不振发之，而草书奇

12. 曾巩：《曾巩集》，中华书局，1984，第 66 页。
13. 道潜：《参寥子诗集》卷一，上海古籍出版社，2017，第 47 页。
14. 李白、王琦：《李太白诗集注》卷三十六，中华书局，2011，第 1416 页。
15. 黄庭坚：《山谷题跋》，浙江人民美术出版社，2022，第 73 页。

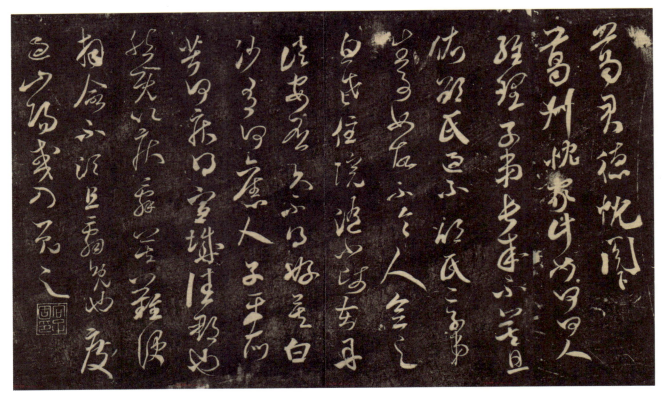

图 2 米芾《葛叔忱帖》

倔如此，宁谦退自悔，无一言及之乎？叔忱翰墨自绝人，故可以戏一世之士也。晁以道为予言如此。"[16]

　　这几则材料中都提到葛蕴伪造李白书法，可见在宋代，葛蕴作伪就已是公开的秘密。另外，材料中提到的晁以道即晁说之（1059—1129），有弟晁咏之（字之道）。《全宋诗》中又收录晁咏之诗一首《戏葛试官》："没兴主司逢葛八，贤弟被黜兄荐发。细思堪惜又堪嫌，一壁有眼半壁瞎。"《老学庵笔记》注："晁之道与其弟季比同应举，之道独拔解。时考试官葛某眇一目，之道戏作诗。"[17]可知晁氏兄弟在应举时都是见过葛蕴的，葛蕴当时担任考官，并已眇一目，即一眼失明。葛蕴患有眼疾，这或许是其早逝的重要原因。

　　台北故宫博物院藏有名为《葛叔忱帖》（图 2）的米芾草书拓本，凡十二行，共一百零三字，写于元符二年六月前。存明拓《停云馆帖》卷五。卷尾有一方"向子固印"，较为少见。其帖虽名为《葛叔忱帖》，但其实是米芾致其兄葛蘩的手札，内容却是询问葛蕴的情况，文字亲切可喜，可见米芾与葛氏兄弟二人交情之笃。如下："葛君德忱阁下：葛叔忱家计如何？何人经理？子弟长成不？莫且依邵氏过不？邵氏二子弟生事如故不？令人念之。白老住院随小师在丹徒安否？久不得好矣。白沙有何旧人？子平所苦何疾？得宣城，佳郡也。然既以疾

16. 李白、王琦：《李太白诗集注》卷三十六，中华书局，2011，第 1417 页。
17. 陆游：《老学庵笔记》卷四，中华书局，1997，114 页。

辞，莫难便拜命不？须且辞免也。度过山阳，或入一见之。"

此帖内容是米芾向葛繁询问葛蕴及其家人的生计情况，但从时间上看，葛蕴中进士是在嘉祐八年（1063），又早亡，米芾作此帖的元符二年（1099），葛蕴极有可能早已不在人世，葛蕴死后，家道中落，以致后人依靠邵家过活。

## 四、葛藻

葛藻，字季忱，丹徒人，关于他的记载就更少，笔者推断，葛藻应为葛繁、葛蕴的从弟，原因如下：

第一，从名字上看，三人名字存在强相关性，繁、蕴、藻，其部首都从草。而三人的字：葛繁，字德忱；葛蕴，字叔忱；葛藻，字季忱。伯仲叔季，本就是长幼之称，季在叔后。第二，从籍贯上看，三人都是丹徒人。第三，三人都与米芾交往过密，

乃至米芾构成了葛藻生平信息的主要来源。第四，葛藻和葛蕴一样，都是以书法作伪知名。综上所述，很难有如此巧合的人物关系，虽文献失载，但葛藻的身份仍然可以基本确定。

葛藻善书画鉴定，亦以书画作伪知名，只是没有葛蕴高超的书法水准，而是通过移花接木的方式来作伪。值得注意的是，葛藻不仅伪造古书画，也伪造作品上的印章。米芾《书史》有一则记载：

余居苏，与葛藻近居，每见余学临帖，即收去，遂装粘作二十余帖，效《名画记》所载印记，作一轴装背，一日出示，不觉大笑。葛与江都陈史友善，遂赠之。君以为真，余借不肯出，今在黄材家。[18]

亦可见葛藻与米芾交往密切。

张丑《清河书画舫》载米芾《跋殷令名帖》（图3），文末曰："翌日与丹徒葛藻字季忱检阅审定，五日吴江舣舟垂虹亭题。襄阳米黻。"[19] 该帖收录

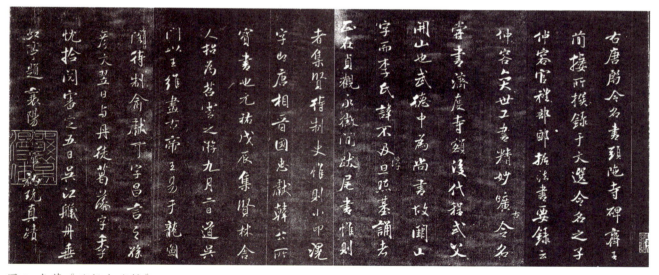

图 3　米芾《跋殷令名帖》

18. 米芾：《书史》，载卢辅圣主编《中国书画全书》第一册，上海书画出版社，1993，第 974 页。
19. 张丑：《清河书画舫》，载卢辅圣主编《中国书画全书》第四册，上海书画出版社，1993，第 174 页。

于《三希堂法帖》中，可知元祐三年戊辰（1088）时年米芾三十八岁，与葛藻一起审定了这件作品。

## 五、结论

葛氏是活跃于北宋晚期的典型士大夫家族，世代为官，其交游对象十分广泛，其中不乏宰辅。王安石与葛家三代世交，范纯仁与葛家互为姻亲，曾巩、曾布兄弟也与葛家兄弟有诗书往来。同时葛氏又与米芾、道潜等关系密切，构建出一张复杂的文人关系网络。葛氏兄弟和米芾等人一样，深度参与了北宋末期成为风气的书画作伪，为其推波助澜。葛家的作伪，并不仅仅是出于"戏一世之士"的戏谑，更深层次的原因在于此时书画市场极度繁荣，书画作品的商品属性被极度扩大，在利益的驱动下，催生出这样一种作伪的时代风气，而葛氏兄弟，就是其中的典型案例。

# 义务教育阶段书法教育的多学科融合

文 / 张钰　北京市海淀区锦秋学校

**摘要：** 书法课堂形式的多元化是众多书法教师的共同追求。本文以多学科融合为切入点，探讨书法与语文、美术以及科学等学科之间的联系；寻找不同学科之间的共性；拓宽书法教师的授课思路，发散教学思维；深入了解书法的内涵与外延，加深学生对书法这一学科的兴趣。学科之间的知识、思维、方法等方面的相互交叉融合，有助于开阔学生视野、发散学生思维，帮助学生举一反三，取得更好的学习效果。

**关键词：** 书法　语文　美术　学科融合

近年来教育部在《关于全面深化课程改革 落实立德树人根本任务的意见》中，明确提出要"统筹各学科，特别是德育、语文、历史、体育、艺术等学科。……加强学科间的相互配合，发挥综合育人功能，不断提高学生综合运用知识解决实际问题的能力"。

在人文学科中，书法这一学科的融合性特点，值得我们深入探索研究。2022 年，在《研究生教育学科专业目录（2022 年）》《研究生教育学科专业目录管理办法》中，书法与美术并列为一级学科。书法学科得到进一步的重视。同时，这也说明了书法与美术学科之间的关系。接下来我将通过与书法关系紧密的语文、美术和科学这三个学科来谈谈义务教育阶段下书法的多学科融合。

## 一、书法与语文学科的融合

近年来，书法教师的短缺是一大难题，不少学校的书法课程由语文老师承担，甚至由数学、英语等其他科目老师来教"书法"。而古今的不同之处就在于古代"书"占据着重要的地位，如唐代书法以楷书最为著名，这一特点与科举制度有一定的关系。而今天书写的重要性似乎被科技的发展代替，越来越多的语音识别、电脑打字等代替用手书写。但是，中国人骨子里的精神是永恒的，依旧有越来越多的人热爱书法，传承并发扬中华优秀传统文化。正如《宗白华全集》中所说：中国古代的书家要想使"字"也表现生命，就须用他所具有的方法和工具在字里表现出骨、筋、肉、血的感觉来。书法表达我们生命中所蕴含的情感，成为反映生命的艺术。

从教材上看，人美版《书法练习指导·一年级上册》中，第一单元是"拼音字母的写法"，位于第二单元"汉字基本笔画写法"的前面。其教学场景可以想见，语文老师大多会从拼音字母的拼读、写法上来教授，而书法老师会着重于如何写好拼音字母，将拼音字母的基本笔画拆分并归类，从而进行系统化的教授。学生经过语文与书法两种不同的视角来深入对拼音字母的认识，有助于加深对拼音的印象。教材第一单元"拼音字母的写法"先强调书写的姿势，再认识拼音格，并且在学习拼音字母的时候将拼音字母大致分为圆与半圆、点横竖、左右竖弯与左右弯竖以及左右斜线这几大类。而在学习书法之前，低年级阶段着重强调"双姿"，即执笔姿势与坐姿，而拼音中的直线、竖弯、圆等线条的学习方法与书法汉字的学习有异曲同工之妙，它们都是由"线条"组成，可将拼音字母的学习作为汉字基本笔画学习的过渡阶段。

从教授内容上看，当认识生字时，语文老师在一、二学段中可能会通过甲骨文来讲授生字，以引起学生的兴趣；而在书法的学习上，篆、隶、楷、行、草五种书体的字形演变是学习书法不可跨越的一步，书法老师则会注重对字形结构的讲授。在学习诗词时，语文老师会带着学生一起认识生字、读诗以及释义，书法老师更多是从书写的角度给予更多的指导，即如何安排好汉字的结构，从"艺术"以及"美"的角度来思考。在书写上，书法常常以诗词等内容为书写载体。总之，语文、书法老师对学生的书写都起着至关重要的作用。

## 二、书法与美术学科的融合

据东汉许慎《说文解字·叙》中所说，仓颉最初在创造文字的时候，通过观察事物的形象画出图形，叫作"文"。后来形旁声旁相互结合就叫作"字"。因此，"文"与"字"在最初的时候各有所指。

> 黄帝之史仓颉，见鸟兽蹄迒之迹，知分理之可相别异也，初造书契。仓颉之初作书，盖依类象形，故谓之文。其后形声相益，即谓之字。文者，物象之本；字者，言孳乳而浸多也。著于竹帛谓之书。书者，如也。[1]

许慎在《说文解字·叙》中对"文""字""书""六书"等的含义进行了具体的阐释与说明。六书中的象形字更多的是"有意味的符号"，从外形上来看，更多的像今天同学们所画的简笔画，比如"〇"（日），用一个圆圈表示太阳，也有圆圈中多出一短横或一点的写法。至于为什么会有圆圈中加一短横或一点的写法，有学者认为，这一短横或一点可能表明太阳是个实体，而不是空心圆。

唐代张彦远《历代名画记·叙画之源流》中有：

> 颉有四目，仰观垂象。因俪鸟龟之迹，遂定书字之形，造化不能藏其秘，故天雨粟；灵怪不能遁其形，故鬼夜哭。是时也，书画同体而未分，象制肇始而犹略。无以传其意，故有书；无以见其形，故有画：天地圣人之意也。[2]

这应当是比较早的"书画同源"说。

元代的赵孟頫，他在一幅流传至今的名画上题诗道："石如飞白木如籀，写竹还于八法通。若也有人能会此，方知书画本来同。"不论是"书"还是"画"，都以毛笔为表现的媒介，从"書"（书）与"畫"（画）的字形演变中可以看到，都是用"𠂇"（手）拿着毛笔去写或者画，写、画出来

1. 崔尔平选编、点校《历代书法论文选续编》，上海书画出版社，1993，第 3 页。
2. 潘运告主编《唐五代画论》，湖南美术出版社，1997，第 144 页。

的东西各不相同。可见，"书画同源"，还体现在"书"与"画"使用的工具技法有相通之处。

南朝谢赫《古画品录》中有六法："气韵生动""骨法用笔""应物象形""随类赋彩""经营位置""传移模写"。其中，"气韵生动""骨法用笔"占据重要的地位。[3]书画家赋予书画作品更多的精神与内涵，因此，书法是写出来的，中国画也是写出来的，正如黄宾虹先生所说的："善书者必善画，善画者必先善书。"

在学习方法上，无论是书法还是绘画，大多会从临摹入手。书法临帖，初学者更多从"形"入手，学习笔画、间架结构、用笔等，通过双钩、单钩等方法观察、分析，深入认识汉字；学习绘画时，尤其中国画，离不开临摹，抑或是写生都会强调对事物造型的把握。"模仿说"认为艺术是对现实生活的模仿，是社会生活的再现。从亚里士多德、车尔尼雪夫斯基到中国书法绘画理论，创作者或许认为"美是生活"，或许感受到"心师造化"，或许感悟出"外师造化，中得心源"，更甚者"度物象取其真"，从而肯定模仿现实生活的真实性，以及模仿现实生活的艺术的真实。

人美版书法教材中，多个单元带有水墨书画，无论是书法还是国画，我们都要从简单的认识笔墨纸砚工具开始，了解笔墨纸砚分类以及用法，学会执笔、墨汁的用量、调墨的方法，进而慢慢发现中国画与书法的密切关系，书与画同源而异体。书法的用笔与国画的用笔相辅相成，离开了书法，国画也失去了趣味。中国画讲究"境生于象外""境由心造"，如齐白石不同时期绘画风格不同，青年时期从事民间绘画，中年时期出游各地、观摩学习，由工笔画转向写意画，画面能够体现出一个人的心境与经历。书法则体现出一个人的性格与风骨，我们常说"字如其人"，这句话出自汉朝扬雄"书，心画也"。汉字可以反映一个人的内心世界，颜真卿就是绝佳典范，在《祭侄文稿》中他写出了自己的悲痛与激奋的心绪，他写的字笔画刚劲有力，同他的人格高度统一。郭沫若先生也说过："要把字写得合乎规格，比较端正、干净、容易认。这样养成习惯有好处，能够使人细心，容易集中意志，善于体贴人。"书与画使用共同的工具、用笔技法、用墨技法，有共同的意境追求与审美情趣。

## 三、书法与科学学科的融合

蔡元培先生曾提出以科学的方法建设科学的美术，"于是所以行人道主义之教育者，必有资于科学及美术"[4]。书法艺术不只是充满感性，书法学科的建设也借助于科学的研究方法。历来有学者通过"视觉"的层面分析书法作品，比如近些年来使用比较多的概念"线条""留白""造型"等，学者们系统化的研究思维以及科学方法的运用，对当今书法学科的建设具有极大的促进作用。通过实验、数据分析，甚至从心理学的角度认识书法，反映了科学思维对书法的直接影响，陈公哲在《科学书法》一书中明确提出了"科学"的观念。

如果说书法是艺术，求其"美"，语文与书法紧密相连，求其"善"，那么科学即求其"真"。科学、语文与书法分别体现着真、善、美，但它们之间又不是孤立存在的，真、善、美之间相互转化。

| 科学 | 语文 | 书法 |
| --- | --- | --- |
| 真 | 善 | 美 |

在书法创作的时候，我们会选择古诗词来完成书法作品。比如白居易的《暮江吟》："一道残阳铺水中，半江瑟瑟半江红。可怜九月初三夜，露似真珠月似弓。"其中"半江瑟瑟半江红"，这里的"瑟瑟"指碧绿色，此句的意思是江水一半呈现出深深的碧色，一半呈现出红色。受光多的部分，呈现一片"红"色；受光少的地方，呈现出深深的碧色。这首诗不仅呈现出一幅完整的水墨画，还蕴含着一定的科学知识。学生在练习书法的同时感受了文学之美，也能从生活实景出发，感悟自然中光学现象带来的科学之美。农历九月初三，当日的月亮应是新月，月弯如弓；时为深秋时节，且是二十四节气中寒露的最后一天（第二天当为霜降），"露似真珠"也切合时令[5]。

书法课程将认识文房四宝——笔、墨、纸、砚——作为始业教育，从历史的角度切入让学生沉浸式地了解、热爱书法文学。在教学过程中，将书法与科学课程很好地融合，让学生通过动手进行软笔、硬笔书写，让学生纵向考察某种物品所用材料的发展和演变，同时，能让学生结合历史深切地感受到科技的发展以及社会的进步。

把大学科观的理念带入实际的教育教学当中，通过学科融合，打破原本学科间的壁垒，学科间相互渗透、相互碰撞能极大程度地激发学生的学习兴趣，拓宽学生思考的维度。

当然，从完整的人格塑造的意义来说，书法教育离不开多学科的融合。书法的多学科融合仍然有许多值得探索、挖掘的地方。书法文化的传承任重而道远，书法教师应承担起属于自己的那份责任。

5. 朱芝军：《从"科学"到学科——书法学学科体系构建之思考》，《大学书法》2019 年第 2 期，第 48 页。

# 浅谈对新时代背景下的书法基础教育现状和转型的思考

文／马慧宾　中国科学技术大学附属中学

## 一、书法基础教育的现状分析

时下的书法基础教育体系大致可分为学校教育和校外教育，这里所谓学校书法教育是有组织地经过系统化的训练和书法理论知识学习的一种教育方式，而校外书法教育是受外部环境影响从而获取知识和技能的一种教育方式，如博物馆、书法馆和书法培训班等。随着社会的快速发展，书法的教与学逐渐趋向专业化和精品化，校外书法培训机构的兴起与发展都在催生一种更为新颖和更专业的书法教育模式。20世纪的书法教育在七八十年代迎来中国书法热的浪潮，这股浪潮经久不衰，一直延续到21世纪。新的时代背景下的书法学科教育体系逐渐完备，并且制定了《中小学书法教育指导纲要》，书法学科已被确立为国家一级学科。从小学每周一节书法课到书法学高等教育的体系建设，都标志着书法教育有了更大的发展。但就目前来看，学校的书法教育发展尚不成熟，且发展缓慢。主要矛盾在于书法本身的实用性功能在逐渐消退。历史上的书法教育大多以实用为主，随着社会的飞速发展，如今的书法教育的实用性功能在慢慢消失，书法便分离成一门较为独立的艺术。对于书法艺术中国人有着先天的优势，即汉字。通过对汉字的认读与书写，尤其是在书写审美中，每个中国人能更了解自己的文化，更了解自己。因此，书法教育对提升民族文化的认同感来说起到重要作用。

现阶段由于大部分小学生学业负担过重，催生了"双减"政策的出台和落实。从某种角度看，这也是艺术类素质教育发展的契机，而书法教育作为素质和文化教育赛道中的重要组成部分逐渐被大众重视，并呈现出如火如荼的发展态势。值得一提的是，2021年全国新高考Ⅱ卷作文题目涉及书法运笔动作，并要求学生分析书法背后蕴含的深意，更加激起了家长和学生们对书法教育的重视。试想一下，如果不能理解作文题目中"逆锋"和"藏锋"背后的书法内涵和文化意义，那我们该如何作答？中国的汉字是我们的根，是中华文明的重要组成部分，书法文化和艺术的魅力就在于其几千年来依然熠熠生辉，并保持更有力的发展态势。

## 二、书法基础教育的转型思考

### （1）当下的书法教育应当在教育体系中起立德树人的作用

综合各个阶段的学科来看，语文和美术的课程建设体系和书法学科最为接近。参照相近学科来看，书法课程的核心素养可以尝试概括为四个方面，即汉字书写与表现、审美鉴赏与创造、文化理解与传承和人格培养与塑造。汉字书写与表现是技术层面的基本要求；审美鉴赏与创造是在掌握技能的基础上去欣赏和塑造一件作品；文化理解与传承是挖寻书法艺术背后的文化支撑点，树立文化自信；人格培养与塑造是通过书法艺术陶冶完成人格、精神等多方面的塑造和升华。时下的书法教育肩负着促进学生全面健康发展、树立文化自信的历史使命，以书法为载体，深入探寻其背后蕴含的人文精神，对充分发挥其潜移默化的育人价值和提高学生素质有普遍的积极意义。

传统的书法教育分为"技"和"文"两个方面，有些人重"技法"，可能就会弱化对"文化"的解读，也有些人手上功夫欠缺，便只顾对其"文"的理解与再教育。我以为在书法教育中二者相辅相成，皆不可偏废，"技"其实是对"文"的具体表现，"文"也是对"技"的最好诠释，应当合理观照二者之间的关系。书法教育中将文化与技法相互联系起来对学生的德育有着重要的积极作用。换言之，实际上立德树人应为书法教育中的重要一环，将德育渗入书法学科教育对教育体系的发展有着积极的作用。如被誉"忠义光日月，书法冠唐贤"的颜真卿的《祭侄文稿》，其不仅仅是书法长河中绚丽的一笔，更是从古至今文化育人、书法育人的最好范本。

**（2）中小学书法教育迫切需要构建完备的教育体系**

基础书法教育学习路径的转变，是对书法教学的最大影响。《中小学书法教育指导纲要》规定小学三年级到六年级应每周开设一节书法课。课时保障对学生书法技法训练有着积极作用。传统的书法教育是以楷书作为学生书法学习的基础，楷书又以唐楷为主要选择，如颜真卿《多宝塔碑》《颜勤礼碑》，欧阳询《九成宫醴泉铭》等。但唐代楷书发展得较为成熟，法度十分森严，对三年级的学生来说有难度，易走弯路。中国书法诸多书体中，每一

种书体都有独立的风貌。篆书又分为大篆和小篆，学之可锻炼用笔线条的沉实感和气势；隶书是古今文字的分水岭，其左右开阔，可锻炼书法中的笔势和线条的凝重感；常见的楷书和行书妍美、秀丽、遒劲；草书虽最具有艺术性，但不适合初学者学习。如若顺应汉字的发展规律来学习书法，应以篆书为根本，以隶书确立典范，楷书、行书则为最后学习的范本。这种学习书法的路径最为符合汉字和书法艺术发展的规律，其本质就是"走"与"跑"之间的简单逻辑关系。对于书法这一门较难的艺术更应该循序渐进地学习，将基本的线条练习作为技法基础中的第一关，将具有象形形态的文字符号作为书法教育中的第一课，如"山""水""上""下"等，这不仅可以激发初学者的书法学习兴趣，还可以让学生了解汉字的造字原理与用字方法，这对学生学习中华优秀传统文化有着深刻的意义。

确立正确的书法教学标准和完备的书法学科评价对专业化的书法教育体系有重要作用。实际所确立的这个体系可以简单理解为书法艺术的审美体系。自古以来就有"文无第一，武无第二"的说法，但是从实践中可以得知，在历史的长河中每个时期都有每个时期的代表作和书风，如晋人尚韵、唐人尚法、宋人尚意。如今的社会发展迅速，虽说是艺术繁荣和百花齐放的关键时期，但我们在守正与创新的道路上可谓是路漫漫兮，群众对文化与艺术的认知亟须提高，如何科学地确立书法教育学习范本和教学方式的典范是这个体系中的当务之急。书法艺术的审美具有多元性，大致可分为妍、壮、巧、古等，不同时期、不同书体和不同作品所呈现的精神面貌皆不同。自古至今，我们不难发现，在几千

年的书法历史长河中确立了一条以碑学和帖学为代表的书法艺术风格嬗变的体系，碑学以金石文字为主体，帖学则是以王羲之一脉的书法为主体。但实际上这一点是和当下大众的审美观念大相径庭的，当下的书法教育由于受到教学条件和外部环境影响，想要做到真正的守正、创新就离不开对书法史上的经典碑帖的体认。

当下的很多书法教学活动中的评价体系有待完善，缺乏一套成熟客观的教育评价体系。传统的书法作业只是在作业中圈出好的与不好的，缺乏科学客观的评价依据，有时也会在"拿不准"的时候形成误判。如今的书法教育环境与传统的书法教育最大的区别就是信息化的介入大大地提高了教师教的效率和学生学的效率，不过多媒体技术是一柄双刃剑，如何利用好这项技术才是关键。多媒体技术的介入可以让授课人有效地调控课堂的节奏，可以更直观、形象地将古人的一笔一画传递到学生面前，如果掌控熟练还可以利用平台技术较为客观地对每一位学生的练习做出合理的判断和科学的建议。另外，多媒体技术的转变还带来更加新颖和多元化的教学交互体验，课堂中可以利用多媒体技术和学生进行游戏互动，如猜字谜、找不同、故事会等，了解学生学的情况。这种新的教学活动方式以学生为中心，让学生通过主动和探究的方式掌握知识，不仅培养了学生良好的学习习惯，同时也大大提高了学生学习书法的热情。

**（3）书法教学环境与方式的转变**

相对于其他学科而言，书法是一门既古老又充满活力的学科。古老是因为中国的书法教育历史悠久，说其充满活力是因为近代以来，随着西学东渐，教育方式的转变，课堂式教育为中国的书法教育灌注了新鲜血液。当前，随着互联网技术的发展，多媒体的广泛应用让传统的教室内授受模式转变成多元化的模式。昔日书法学习是知识传递，而如今随着教育环境的改变，"知识传递"逐渐向"知识构建"过渡。任何科目的学习都应与社会发展有紧密的联系，时下的书法学习，实用性已逐渐削弱，而艺术性日益突出。艺术来源于生活，生活场所也是教育的场所。生活中的书法学习的场所比比皆是，博物馆、文化馆、书法馆乃至于我们校园内的书法匾额、题字等，都为学生提供了很好的书法教育环境。我们应当充分利用社会教育平台和资源，"将教室搬进博物馆"，让学生真看真听真感受，培养学生的书法审美意识。

随着社会的快速发展，处在信息社会的我们应当合理地利用信息技术推动时下的书法教育改革。随着书法教育方式的不断革新，线上线下融合的教学方式越来越受到重视。尤其是线上书法教育已经初见成效，对专业化书法艺术的普及起到重要作用。线上书法教学与传统的教学模式有很多不同之处，在信息化的教学模式下，教师应当随着教育方式的革新不断地提高教学观念，熟练操作所涉及的多媒体设备，并对线上书法教育多总结与反思，充分利用好 APP 等重要依托工具。在素质教育的时代背景下，无论线上线下的书法教育都应当充分突出学生的主体地位，应由单一的师生授受的知识传递被动模式转变为学生主动去"摘桃"的主动模式。

# 书论翻译中的策略
## ——以孙过庭《书谱》的六种译文为例

文 / Daniele Caccin（大乐）　意大利博洛尼亚大学翻译学院

**摘要：** 本文的主要研究内容是对唐代孙过庭的书法理论名著《书谱》六种翻译成欧美语言的译本进行比较研究。在翻译理论和跨文化交际学的理论基础上，笔者试图通过分析不同译文中术语与文化指向的翻译策略和效果，来比较原始文本与译本的不同之处。

本文的核心是对译者的翻译策略进行分析，以译本翻译策略中"归化"（domestication）和"异化"（foreignization）的区别分析为指导，解析如何更好地传达源语内容意义。本文以孙过庭《书谱》的六种译文为例，分析作为译者要考虑到的与翻译相关的要素，包括指称意义、语用意义、言内意义等要素。

在阐述中国书法艺术独有特点的过程中，不仅非书法专业的外国人会遇到不少的困难，即使懂现代中文或文言文的汉学家也会产生一定的误解。外国学者通常是以欧美的思维模式作为思考与研究的准则，来讨论中国传统哲学和美学，也就是说他们通常以欧美的标准来评判中国作品。因此，在与美学和书法相关的译文中，存在许多对中国文化背景的误解。笔者的目标是通过努力分析原文，尽可能地将原文内涵传达到译文中，从而提高自己翻译理论的能力和翻译策略的判断力。

唐朝是古代中国政治、经济、文化、艺术等发展的高峰。唐朝也是书法艺术繁荣的时代，尤其在书法理论方面取得了历史上的极高成就。唐孙过庭所撰的《书谱》（687 年）[1] 具有很大的影响力。《书谱》与张怀瓘的《书断》是两篇绝佳的书法理论著作，它们被称为"双璧"，这两篇著作提出了许多前人没有论及的问题，在书法理论史以及书法批评史上有着重要的地位。

《书谱》不仅是一篇书法理论著作，同时还是一件草书经典作品，其理论价值与美学价值相得益彰，历来倍受尊崇。

## 一、《书谱》的译本与译者背景

《书谱》六种翻译成欧美语言的译本分别为1935 年版中国孙大雨先生的英译本（以下简称孙译）、1974 年德国郭乐知（Roger Göpper）的德译本（以下简称郭译）、1995 年美国张充和与傅汉思（Hans H. Frankel）的英译本（以下简称张—傅译）、2010 年法国幽兰教授（Yolaine Escande）的法译本（以下简称幽译）、2011 年意大利毕罗教授（Pietro De Laurentis）的英译本（以下简称毕译），以及 2018 年潘尚君（Kwan Sheung Vincent Poon）的英译本（以下简称潘译）。

1. 上海书画出版社、华东师范大学古籍整理研究室选编、校点《历代书法论文选》，上海书画出版社，1979，第 124—130 页。

由于年代背景不同，六位译者采用了不同的翻译方式。通过对《书谱》的翻译动机、翻译标准以及目标读者群体等因素的分析，我们可以探讨不同译本的翻译策略和风格要素。

孙大雨（1905—1997），上海人，著名诗人和文学翻译家。孙先生翻译了许多莎士比亚的作品，同时将很多唐诗翻译成英文。孙大雨与许渊冲、翟理斯等人属于韵律派，因此他们高度注重原文的美化手法，在译文中试图传递原文的音韵美。他的汉译英对应文本[2]，由于文言文和英文分段不一，对照形式不能完全吻合，但效果很恰当。孙译是1974年之前唯一使用欧美语言翻译的《书谱》译文，并且是1995年之前唯一的英译本。该书交代了翻译的时间及版本情况："1929年孙大雨先生二十四岁时译就此文，于1935年首次发表于《天下》月刊。"[3]在书名下有两个编者加的汉英脚注，以解释《书谱》的本质。从孙大雨的注释来看，他认为现在的《书谱》只是孙过庭原文《书谱》的序言，而原文包含的六个章节的正文已经散失。

郭乐知（1925—2011）是一位德国艺术史学家、展览策划者、广告经营者和大学教授。同时他也是中国、日本和韩国艺术的鉴赏家。他的学术生涯中，撰写了诸多与东亚艺术相关的书籍，如《东亚艺术和手工艺——收藏家和爱好者手册》[4]。1974年他以德语翻译出版了孙过庭《书谱》专著[5]。这本书长达五百余页，"是目前为止的专门研究孙过庭的体量最大的学术著作，引用材料和主要参考文献源于日本学界"[6]。可见郭先生的贡献对后来研究者影响很大。他以及后来的译者大都支持"《书谱》为完整的文章"的观点。

张充和（1914—2015）出生于上海，自幼在私塾学习，在诗歌、书法、昆曲等领域皆有造诣。1949年随丈夫傅汉思迁居美国。傅汉思（1916—2003）是一位德裔美籍的翻译家和汉学家。张—傅译含有34条脚注以及相关历史人物的介绍、书法术语表等，这些使张—傅译显得比孙译更加专业。在序言中，他们写道："我们一直致力于将忠实于中文的文本与英语译文的可理解性和清晰性结合起来。如果我们倾向于更自由些的译文版本，译本就会误导英文读者。特别是在《书谱》中，我们发现我们有必要放弃许多他原文的优雅，以实现英译本清晰（的目的）。"[7]他们还提出："另一个'问题'是由许多书法的技术术语引起的。我们保留下它们的罗马字体的中文形式，并在附加的术语表中解释它们，而不是尝试着翻译它们。"[8]

法国汉学家幽兰教授，巴黎国立东方语言文化学院博士，现任法国国家科学研究中心（CNRS）、法国高等社会科学院艺术与语言研究所教授。她的主要研究领域集中在比较美学、中西艺术比较以及中国书画艺术理论。在这些方面，她曾受到程抱一

2. 孙大雨：On the Fine Art of Chinese Calligraphy，载《古诗文英译集》，上海译文出版社，1935。
3. 孙大雨：On the Fine Art of Chinese Calligraphy，载《古诗文英译集》，上海译文出版社，1935，第2页。
4. Göpper Roger, Kunst und Kunsthandwerk Ostasiens - Ein Handbuch für Sammler und Liebhaber, Broschiert, 1968.
5. Göpper Roger, 'Shu-p'u' Der Traktat zur Schriftkunst des Sun Kuo-ting, Studien zur Ostasiatischen Schriftkunst vol. 2, Wiesbaden: F. Steiner, 1974.
6. 向净卿：《孙过庭书学思想渊源考》，花木兰文化出版社，2017，第23页。
7. Chang Ch'ung-ho and Hans H. Frankel, Two Chinese Treatises on Calligraphy, New Haven & London: Yale University Press, 1995, p.xiv .
8. 同上。

（François Cheng）和熊秉明教授的指导。幽兰教授做了对从汉朝到隋朝[9]以及从唐朝到五代十国[10]书画理论的翻译。两本著作对书法理论翻译的贡献很大，为法语读者提供了系统和全面的译文文献。此两本著作是西方书法领域研究最完整的作品，适宜于西方读者的阅读研究。该书翻译的文献包括孙过庭《书谱》[11]、张怀瓘《书断》[12]等，翻译水平很高，堪称专业性译文。

意大利汉学家毕罗教授，意大利那不勒斯东方大学博士，是二王学研究中心专家委员会委员、暨南大学中国书法研究与传播中心特聘研究员、广州美术学院教授。他拥有深度的文献资料检索能力以及严谨的学术观念。他对于中国书法、中国文学和汉字有深入的研究。自 2000 年起，他在中国美术学院和浙江大学学习书法与古汉语文字，师从王承雄先生和陈振濂先生。毕罗教授将《孙过庭〈书谱〉研究》博士论文编辑成《孙过庭之志气：〈书谱〉文体稿》和《孙过庭生平考》[13]。

潘尚君，香港人，在加拿大多伦多大学获得了理科硕士和教育学学士学位。受父亲潘国键（Kwok Kin Poon）的指导，潘先生认为，前译文都是根据当下最流行的《书谱》白话本，即 1965 年刊行的马国权的《书谱译注》而翻译的，因此延续了马本的不少错漏。在潘译《英译书谱》[14]附录中，他列出了关于文化和典故方面的 26 条错译。

郭译、张—傅译与幽译三种译文采用"treatise"翻译书名，是（专题）文章、论述、论文、专著之意。它来自拉丁语动词"tractare"（译为理解、对待、处理、研究还有治疗等）。大部分欧美学者采用这个词指《书谱》的本质。但毕罗将"谱"译为"manual"，强调的是它是一本为广大书法爱好者提供的书法学习指南，从文化传播与翻译角度看，这最为贴合《书谱》所言原则："缄秘之旨"（整理归纳书法规则），"或存观省"（作为探讨研究之用）。最后，潘尚君将书名中的"谱"译为"narrative"（籍录）。

## 二、译文的对比研究现状

孙译更多地采取归化译法的策略，为读者提供术语的大致意思，把术语词汇归化整理成目标语背景的词汇。归化策略的特点是：表达较复杂的内容时，译者需采用一个总结结构，通过简单的语言形成读者易懂的要素。孙译大量使用归化翻译策略来吸引西方读者：音译法（transliteration）、增加译法（addition）、省略译法（omission）、调整译法（adaption）、夸饰译法（amplification）等。译文缺少对概念性的语言（例如书体术语词翻译成"two zhuans"和"bafen"，以及不全的书法家

9.Escande Yolaine, Traités chinois de peinture et de calligraphie (des Han aux Sui), Klincksieck, 2003.
10.Escande Yolaine, Traités chinois de peinture et de calligraphie (les Tang et les Cinq Dynasties), Klincksieck, 2010.
11.Escande Yolaine, Traités chinois de peinture et de calligraphie (les Tang et les Cinq Dynasties), Klincksieck, 2010, pp.94—140.
12.Escande Yolaine, Traités chinois de peinture et de calligraphie (les Tang et les Cinq Dynasties), Klincksieck, 2010, pp.210—443.
13.Pietro De Laurentis, The Manual of Calligraphy by Sun Guoting of the Tang: A Comprehensive Study on the Manuscript and Its Author. Rome: Herder International Book Centre, 2011.
14. Poon Vincent KS, Poon Kwok Kin, A Narrative on Calligraphy by Sun Guoting - Translated by KS Vincent Poon and Kwok Kin Poon Revised and Enchanced Edition, Toronto: The SenSeis, 2019.

名字）作进一步的解释，且采用音译方法并用斜体字来强调它们的外来特征，所以不能准确揭示原文传递的内涵，对读者构成了许多理解障碍。

孙译对字面上书体术语词也经常有误解。由于现代中文字面意思和古文字面意思经常不一致，在翻译过程中会出现字面和"所指"意思的矛盾。例如孙过庭指的"隶"，即指当时通用的正书。[15]在翻译书体名称时，孙、郭、张—傅、幽、毕五种译本，都犯了这个致命的错误，没有深究实际"所指"，就是把钟繇（元常）的"隶书"简单翻译成隶书，而实则不然。实际上"隶"应该译为"regular script"，将"八分"以及不同隶书体的称谓和定义（例如"佐书""古隶""今隶""秦隶""汉隶"等）译为"clerical script"，或更加具体可以翻译成"han dynasty clerical script（bafen）"等。其实郭译、毕译与幽译发现了隶书和楷书的问题，在脚注提出了隶书和楷书名称翻译的问题，但是，译文中的翻译仍然不准确。为了避免这种误导，潘译采用单纯的音译法，例如将"飞白"音译为"feibai"。实际上，孙过庭在强调各种书体有不同的倾向性，书家在书写的过程中，可以通过不同的技术来赋予书法不同的风格。[16]孙过庭的目的并不是分析各书体，所以读者理解到就足够了。

此外，孙译保留了许多比喻的含义，尽量将原文的美感传达给读者。但缺点是不能完全传递文化信息，并且会造成外国读者的混淆。为了避免这些

问题，现代学者在翻译术语时，一般需先用归化译法，然后在括号里注出原文文字或音译，为西方读者提供注解。关于孙译，张充和与傅汉思的看法是："孙大雨先生所著的六十年前出版的英文译文是一项开创性的尝试。译文读起来很通顺，但不可否认的是翻译得非常自由，并跳过了一些困难的段落。"

郭译倾向于使用异化译法策略，以保留中国传统文化元素。郭先添加一些原文没有的词语来调整语段，追求译文德语的准确性，内容简明，坚持使用字面翻译方法，辅以音译及注释，准确、简明地向读者传达术语的含义，以达到目标读者的期望。由于他的学习背景，他使用威妥玛拼音。译文中有很丰富的注释和引文，这原出于对书法教学的翻译目标。它虽然完整地呈现了原文的意思，但对整体风格有损害，不少地方并未能译出原文作者表述的内涵。在张—傅译序言中有如此看法："郭译属于专业学术作品。我们很感谢郭乐知先生，虽然我们并不总是赞同他（的意见）。"[17]

张—傅译、幽译与毕译都属于专业术语性的翻译，适用于有一定书法基础的读者。"张—傅译大多准确流畅，语意明了，而且按照内容文意适当分段，易读易解；毕译稍晦涩，少分段，有时需反复阅读才能理解。在具体细节方面，两者的差别有时仅是语气不同，有时则是对文意的理解有明显差异，对此课题有深入研究兴趣的读者可以互相参照。"[18]

幽译使用方括号添加原文中没有的表达方式或

15. 孙过庭著、郑晓华编著《书谱》，中华书局，2012，第12页。
16. 孙过庭著、郑晓华编著《书谱》，中华书局，2012，第84页。
17. Chang Ch'ung-ho and Hans H. Frankel, Two Chinese Treatises on Calligraphy, New Haven & London: Yale University Press, 1995, p.xv.
18. 卢慧纹：《Pietro De Laurentis, *The Manual of Calligraphy by Sun Guoting of the Tang: A Comprehensive Study on the Manuscript and Its Author*》，载荣新江主编《唐研究》（第二十一卷），北京大学出版社，2015，第590—593页。

信息，以使译文趋于流畅。除译文外，脚注十分丰富。译文一步一步地遵循原文，不仅不会遗漏任何信息，而且能提供更为完整（原本没有直接表达）的信息，其优点在于它的全面性。可是读起来时，读者会感觉信息量很大，很难读通。其翻译策略是异化和直译，并使用叙述者外的视角进行翻译。故笔者认为此译文一开始会误导读者，以致读者掌握不了原文的内容。

毕罗教授在研究《书谱》翻译的过程中，产生了很多有价值和意义的成果，因为书法艺术在符号学层面上，具有许多解读的可能性。除译文外，毕罗教授从历史文献与墓志拓片[19]中考证孙过庭的生平。他在解释自己的译文中写道："这版本远不是原文的最终的演绎，目前的翻译仅仅是对手稿一个可能的解释之一。然而，它的目的在于对孙过庭的作品从语文学和书法的角度进行严谨的解读，希望尽可能地传达作为书法家和书法老师对孙过庭的美学观和个人经验的理解。"[20]可见毕罗教授也说明了他的译文属于学术性，就是为了避免张—傅译中的误解，形成一个更深刻的研究孙过庭本身和《书谱》的例证。与幽译相同，毕译也属于专业术语性的种类。方括号里的内容添加原文中没有（或未完整传达）的信息。全文译得严谨周密。我们不能否认其在学术层面的巨大贡献，但整体文笔不流畅。译文中经常添加很多原文没有而显得多余的信息，脚注异常丰富。毕译的脚注更加细致、清楚，典故

所涉重要书名、人名、关键词等均有对应，避免了因音译而导致的歧义。[21]

潘译多用直译法详细阐述原文内容，并且在译文中扩充原文的内容。译文中还增加了对读者有用的信息，译文读起来通顺，采用的英文译法很流畅。译者提供很多脚注，以便读者对比其他译者的译文版本。潘先生一般采用归化译法，特别是在对待原文中的典故和历史文化难点时，有意地改写原文的结构和内容，有时会把内容简单化，给读者提供易懂且流畅的译文。

## 三、结语

综上所述，除较自由的孙译外，郭译偏向采用异化策略方式，使用字面直译的翻译。张—傅译更偏向归化翻译方式，很多句子结构简单化。此外，由于有时使用意译，偶尔也采用调整译法，读者只能大体理解原语语义。张、幽、毕三种译文通过附加词汇表对照说明的注解方法，做到将准确的信息传达给目标读者。

通过对孙过庭《书谱》的六种译文的比较分析，我们发现为了实现不同文化的协调翻译，需要首先认清典籍内容，结合归化与异化翻译策略。找到原语文化与目标语文化对等交流翻译的方法后，才能将中国文化内涵忠实地传达给目的语读者。翻译过程中，需要异化时不得妨碍译文的通顺易懂，归化

19. 附录包括《率府录事孙君墓志铭并序》和《祭率府孙录事》的译文和注解。
20. Pietro De Laurentis, The Manual of Calligraphy by Sun Guoting of the Tang: A Comprehensive Study on the Manuscript and Its Author. Rome: Herder International Book Centre, 2011，p.41.
21. 顾毅、王振威：《深度翻译视角下汉语典故的翻译——以〈书谱〉中的典故翻译为例》，《沈阳大学学报（社会科学版）》2018 年第 5 期，第 622 页。

时又不能失去原文的味道。

从原语到目标语文化信息传递的方式对跨文化交流至关重要。应以追求语言、文化和信息交流的平等为原则，呈现出一个更为科学合理的书法理论的翻译方法，从而更好地传达出书家的原始意图和其中的书法概念。

## 六本译文中归化译法和异化译法表

| | 属于归化译法 | 属于异化译法 |
|---|---|---|
| 孙译 | 以归化译法为主调。意译、比喻、增加、省略、术语大致的意思、总结构、调整译法、夸饰译法 | 音译 |
| 郭译 | 注解 | 直译、音译 |
| 张—傅译 | 归化异化译法双用、注解 | 以异化译法为主调。直译、音译 |
| 幽译 | 注解 | 以异化译法为主调。直译、音译、参考文献 |
| 毕译 | 注解 | 以异化译法为主调。直译、音译、参考文献 |
| 潘译 | 以归化译法为主调、注解 | 参考文献 |

# 四年级（上）第 15 课　认识楷书（二）

文 / 杨萍　长沙市雨花区砂子塘万境水岸小学

## 教材解读

本课教学内容选自教育部审定的湘美版毛笔书法教材《书法练习指导》四年级上册第 15 课《认识楷书（二）》。本课是在三年级下学期第 15 课《认识楷书（一）》的基础上，引导学生更深入地认识唐代楷书大家欧阳询、颜真卿、柳公权的书法风格。其教学内容主要包括三个方面。一是三位书法家风格的介绍，包括风格特点、代表作品以及基本笔画与结体特点的图示。初唐书法家欧阳询的楷书继承了王羲之的遒媚与北碑的方峻，笔画瘦劲，棱角分明，结构严谨，用笔果断，字形内撅，四面停匀。唐朝中期书法家颜真卿的楷书继承了初唐楷书的特点，同时又锐意创新，自成一格，横细竖粗，饱满圆浑，结构丰盈，筋力内含，字形外拓，中宫空灵。唐朝后期书法家柳公权的楷书既继承了颜体的饱满圆浑，又融入了欧体的峻峭挺拔。二是三位书法家范字的比较与赏析，列举了"文""事""元""國（国）"四个能够反映他们书法风格的范字，引导学生从笔画及结构方面进行比较，加深学生对三位书法家书法风格的认识。三是"小提示"，点明楷书学习在书法学习中的意义，也就是学习楷书是学习行书和草书的基础。本课进一步加深了学生对楷书的认识和领悟，尤其是对唐代三位楷书大家风格的认识以及对学习楷书的意义的认识。

## 学情分析

四年级学生在毛笔书写方面逐渐有了一定的书写基础，对毛笔书写的兴趣也在不断提升中，但是在实际书写中，还是存在一些认识的不足。因此提高学生对毛笔书法的鉴赏能力很有必要。在学习中，教师要采用多样的方法去吸引学生的注意，启发学生去发现、去关注不同风格楷书的笔画细节，这样才能避免枯燥、呆板的学习氛围。教学中也要多采用一些活泼的教学形式，让更多的学生参与体验，享受学习毛笔书法的乐趣，提升学习的兴趣与自信，然后将学习到的知识运用到实际书写中，追求更加美观的书写品质。

## 教学目标

1. 对欧体、颜体、柳体楷书笔画及结体进行对比赏析，使学生感受唐楷的魅力。

2. 对欧体、颜体、柳体楷书笔画及结体进行对比赏析，使学生进一步了解这三位书法大家书法风格的独特之处。

3. 使学生明确练习楷书对书法学习的意义。

4. 在临写和赏析中提高学生的临摹能力和审美感知能力，激发学生热爱书写的意识，培养学生对中国传统书法文化的情感。

## 教学重点、难点

重点：对欧体、颜体、柳体楷书笔画及结体进行对比赏析，使学生感受唐代楷书的魅力并进一步了解这三位书法大家书法风格的独特之处，为今后的学习奠定基础。

难点：对欧体、颜体、柳体楷书笔画及结体进行对比赏析，使学生初步理解三位书法家书法风格，并能简单评述其风格的主要特征。

## 板书设计

## 教学过程

### 一、游戏导入，回顾楷书

1.出示一组图片（隶书《曹全碑》、楷书《颜勤礼碑》、行书《兰亭序》）。

教师提问：孩子们，三年级的时候我们已经认识了楷书，你们能快速在这些碑帖中找到楷书吗？

学生找到楷书作品，移到右边"楷书"处。

2.教师追问：你还记得楷书的特点吗？请你来选词填空。

学生上台拖动词语填空。

忆一忆，楷书有什么特点？

**楷书的特点**

| 行云流水 | 笔画平整 | 结构平正 | 蚕头燕尾 |

3.教师小结：是的，形体方正，笔画平整，可作楷模，因此叫做楷书。要写好楷书，我们不光要多动手、多临帖，还要多动眼、多观察，理解楷书特点，才能促进书写能力的提高。今天就让我们再一次走近楷书，进一步感受楷书魅力。

4.教师板书，揭示课题：认识楷书（二）。

### 二、分组赏析，初识特点

（一）播放视频，学生欣赏，了解楷书发展历史

【视频解说：楷书，萌芽于汉末，成形于魏晋，到唐代集大成而定型达到巅峰。唐代楷书，亦如唐朝的兴盛局面，书家辈出、

长沙走马楼简牍，距今1800年

千姿百态的北魏墓志

书体成熟，谱写了最为光辉灿烂的一页。其中最有代表性的当推欧阳询、颜真卿、柳公权，他们的楷书被称为"欧体""颜体""柳体"，分别代表了初唐、盛唐、晚唐三个不同时期的楷书风貌。】

### （二）认识欧体特点

1.初识欧体，了解特点

欧阳询，潭州临湘县（今湖南长沙市）人

（1）教师：让我们先从长沙老乡欧阳询开始了解楷书字体吧。

【PPT介绍：欧阳询，（557—641），字信本，潭州临湘（今湖南长沙）人。唐朝大臣，书法家。】

（2）师生交流：和欧体楷书第一次见面，有什么感受？

学生说感受，教师小结：你们观察得非常仔细，欧体字的一大特点就是笔画瘦劲、棱角分明。比如"皇帝"二字就写得比较瘦长，"四"字就写得棱角分明。

2.再赏欧体，理解出处

教师接着出示王羲之作品，问：老师这里还有一幅字，请你辨别一下，它和欧体字有什么关联？

学生辨认，说理由。

教师小结：是的，它们非常相似，但不是一个人写的。这是王羲之的小楷作品《乐毅论》，在当时成为很多书家临摹的范本。欧阳询也是不断临摹、改进，才形成了自己的风格。尤其是欧阳询晚年书写的《九成宫醴泉铭》，继承了王羲之的遒媚与北

《九成宫醴泉铭》
"翰墨之冠"
"天下第一楷书"
"清和秀健古今一人"
宣和书谱

《孔子庙堂碑》局部
虞世南

《雁塔圣教序》局部
褚遂良

《九成宫醴泉铭》局部
欧阳询

《颜勤礼碑》局部
颜真卿

《玄秘塔碑》局部
柳公权

碑的方峻，笔画瘦劲、棱角分明、结构严谨、用笔果断，被后世誉为"天下第一楷书"，倍受人们喜爱。《宣和书谱》誉之为"翰墨之冠"，赵孟頫也称赞说"清和秀健，古今一人"。

### （三）认识颜体特点

1. 初识颜体，了解特点

出示颜体字，师生交流：老师也临写了两个字，大家看看是不是欧体字呢？它们和欧体字有什么不同呢？

**辨一辨** 写的是欧体字吗？
　　　　　和欧体字有什么不同吗？

学生讨论，汇报结果。【学生一：老师，你写的字不是欧体，因为这个字不瘦，反而是胖胖的。学生二：老师，我也觉得你写的不是欧体，因为它的转角处是圆的，没有突出的角。】

教师小结：孩子们，你们的眼力太厉害啦，让人佩服！这是唐楷中另一种字体，颜体。"颜体"楷书，横细竖粗、饱满圆浑，对后世影响很大。颜真卿与赵孟頫、柳公权、欧阳询并称为"楷书四大家"。

**横细竖粗**
**饱满圆浑**

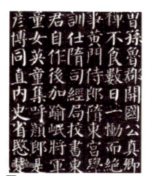

颜勤礼碑（局部）

**楷书四大家**

"诗至于杜子美，文至于韩退之，画至于吴道子，书至于颜鲁公，而古今之变，天下之能事尽矣。"

颜真卿　　赵孟頫　　柳公权　　欧阳询

2. 再赏颜体，理解变化

（1）教师出示颜真卿早、中、晚三个时期的作品，提问：你觉得这三幅字都是颜真卿写的吗？

学生讨论，回答。【学生一：老师，我发现这些字横特别细，竖特别粗。学生二：老师，我感觉这些字非常厚重、敦实。学生三：老师，我觉得这些字都是圆鼓鼓的。】

《多宝塔碑》　　《颜勤礼碑》　　《麻姑仙坛记》

教师小结，逐一介绍：你们的知识太丰富了，这三幅字是颜真卿分别在不同时期写下的经典作品。第一幅是颜真卿44岁时写下的《多宝塔碑》，是他早年成名之作。这一时期的颜体承二王、褚遂良、张旭余风，结构严密，点画圆整，一撇一捺静中有动。第二幅是他71岁书写的《颜勤礼碑》，完全脱去了初唐楷法的体态，结字端正，方形外拓，横细竖粗非常鲜明。第三幅是他63岁书写的《麻姑仙坛记》。

44岁 《多宝塔碑》　　71岁 《颜勤礼碑》　　63岁 《麻姑仙坛记》

（2）辨析颜体三个不同时期作品的特点。

师生交流：颜体这三种风格的字，你最欣赏哪一种？

学生讨论，回答。【学生一：老师，我喜欢《多宝塔碑》，整体看上去用笔严谨，结构整齐，转折处更像是用刀刻出来的。学生二：老师，我更喜欢《颜勤礼碑》。它的笔画显得含蓄一些，通篇看上去气势磅礴。学生三：老师，我觉得《麻姑仙坛记》的字有一点丑，有的字上下部分都没有对齐，不如其他两个优秀。

教师："看上去好像是有点丑。"

学生四：老师，我觉得不是真的丑，他只是不刻意去追求结体的完美。这种字看上去反而有另一种韵味。】

教师小结：《麻姑仙坛记》有篆隶笔意，是颜真卿写于公元771年的作品。笔法、结构随机应变，许多字的结体和用笔近乎丑怪，甚至重心不稳。看上去丑，然而细细品味，却能感受另一番意境。这可能也是颜真卿意在朴拙的一种追求吧。看似愚拙，却能给人无限力量。《颜勤礼碑》作于公元779年，比《麻姑仙坛记》晚8年出品，所以更炉火纯青，在风格上与前面的字体拉开了距离，结体上瘦长一点，视觉上给人耳目一新的质感。

3. 小结特征，理解风格

教师提问：对于颜体，你还有什么疑问吗？

学生讨论，回答。【学生：老师，你在介绍颜体作品时，为什么没有按照时间顺序来介绍呢？】

教师小结：你真是一个有心的孩子。如果说《多宝塔碑》像一个青年，《颜勤礼碑》则更像一个帅大叔，而《麻姑仙坛记》给人的感觉像一个老者。书法家的书写风格也在不断变化，它能够变成什么样子，和书法家所经历的事、读过的书、见过的人直接相关，所以我们一定要一直读好书、做好事、交好友，才能成好人。

4. 学会临法，书空练习

师生交流：颜体楷书，学习者极多，甚至有"学书当学颜"的说法。我们的书法课也是以颜体为范本的。让我们一起来看一段临写视频吧。

播放沃兴华老师书写视频，学生书空练习。【视频解说：颜体书法的一般特征是点画线条起讫分明，提按顿挫强烈，用笔重，转折时增加回顶的动作出现"鹤脚""肩胛"。因此在临摹时有三个要特别注意的问题：一是颜体线条厚重，掌握不好容易堕为粗痝；二是转折换向处因笔锋回

顶而出现的种种特征,理解不正确,会成为做作的描绘;三是结体外拓,片面强调圆转,会失之于媚俗。】

教师小结:孩子们,平时我们课堂上都以单字练习为主,其实,要掌握一种书体的精髓,我们还应该像沃老师一样,通临字帖,整体把握。等到周末、寒暑假的时候,大家就一起来做这样的练习吧。

(四)认识柳体特点

1. 认识柳体,了解特点

(1)师生交流:在唐代,有一位书家也把颜真卿当偶像,每天临写颜体,最后吸收各家笔法,独树一帜。请大家看。

**柳 体**　　　　**颜筋柳骨**

柳公权

玄秘塔碑(局部)

【PPT展示:柳体是指唐代大书法家柳公权(778—865)的书法体式。柳体既继承了颜体的饱满圆浑,又融入了欧体的峻峭挺拔。和颜体比较,柳体稍显瘦硬,故有"颜筋柳骨"之称。】

(2)教师提问:你对柳体和柳公有什么样的了解吗?

学生说自己的经验。【学生一:我知道《玄秘塔碑》就是柳体字。学生二:老师,我以前练过柳体,觉得柳体结构非常严谨。】

2. 笔谏故事,理解做人

教师讲故事,学生了解柳公权。教师:老师了解的柳公权,不光字写得好,还用写字的道理来劝谏皇帝治理国家呢,想不想听听这个故事呀?

PPT演示故事。【柳公权历任三朝侍书,担任宫廷高级书法教师长达20年,但实际他的抱负在国家社稷。相传当时穆宗皇帝在位时,荒纵无度,不理朝政。一日,皇帝向柳公权请教笔法:"爱卿的字写得这么好,能告诉我秘诀吗?"柳公权不假思索地回答:"用笔在心啊,皇上,心正则笔正。"笔法出自内心,只有心地善良、正直无私,才能写出好字。穆宗听完柳公权的话,心头为之一震,也领悟到柳公权的"醉翁之意不在酒"。】

**三、对比赏析,深入领悟**

1. 连线游戏

教师出示三位书法家的"國(国)":老师收集了欧、颜、柳三体的"國(国)"字,请用你的慧眼来帮老师连连线。

学生连线。

2. 对比赏析

师生交流:接下来请和同桌一起来找找这三个"國(国)"字有什么不同,看看哪组同学找出的不同点最多。

学生讨论，分组说三种字体的"国"字的不同。

【第一组：老师，我们是从"横、竖"笔画上来找不同的。柳体的起笔和收笔都像是刀切出来的。横画收笔有个疙瘩，而且有棱有角。颜体起笔比较重，行笔突然变细，过渡比较突然。欧体横画没有明显的粗细变化。

第二组：老师，我们是从"点"上来找不同的。柳体的点是类似梯形的四边形，上半部有棱有角。颜体的点像半圆，上半部很圆滑。欧体的点在这里没有明显的特征。

第三组：老师，我们有了重大发现，欧体的"国"字四个角向外突出，四边却收紧了，颜体和柳体的"国"字四边则向外鼓起来，尤其是颜体。】

教师小结：大家的研究都是非常正确的。欧体

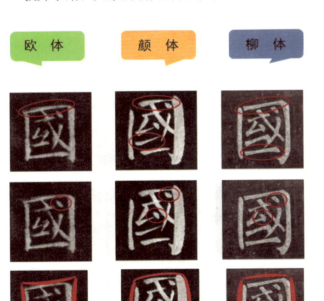

外峻；颜体以圆为主，圆中带方；柳体以方为主，方中兼圆。虽然都是楷书，在不同的大家笔下却有不同的神韵演绎。

**3.归类游戏**

教师：看来，大家都已经找到三位书法家的书写秘籍了。那我们一起来玩个游戏。

教师列举出三位书法家的众多范字，学生辨认，看看谁找到的颜体字多。

**4.临习体验**

（1）展示更多的"國（国）"字。

师生交流：中国书法源远流长，长盛不竭，除了我们熟悉的字体外，还有很多书法家也是值得我们去学习的。

（2）教师示范：这么多的"國（国）"字，让我们也来临习一下，感受楷书的魅力。

（3）学生临写。

（4）展示学生临习作品，师生共赏。

**四、总结拓展，明晰意义**

教师提问：古代字写得好的那么多，为什么我们独赏"楷书四大家"呢？

学生讨论，回答。

教师总结全课：柳公权用笔在心，心正则笔正；颜真卿坚贞不屈、壮烈殉国；欧阳询一生坎坷却始

终坚持学习。正是因为这些书法家不光苦心钻研书法，习得一手与众不同的字体，还拥有非常高尚的人格，后人才会以人品论书品，正如"书者，如也，如其志，如其学，如其才，总之，如其人而已"。字如其人啊！

# "清廉文化进校园"书法主题课程：集字临摹练习——清正

文／谢思嘉　中国人民大学附属中学海口实验学校

## 教学目标（含重、难点）

1. 知道完整的作品包含正文、落款与印章三部分；了解条幅、横幅的书写方式；初步掌握三点水的书写要领，体会笔画间距匀称的结构规律。

2. 通过观察分析、临摹调整，能正确、端正地书写"清、正"，并把握合适的结构比例，完成作品《清正》。

3. 理解"清正"的含义，明白"端端正正写字，堂堂正正做人，清清白白干事"的道理。

## 教学过程与教学资源设计

### 一、提问导入，明确主题

#### （一）出示莲花图

1. 提问导入：你知道"莲花"象征着什么品格吗？

师：瞧！公园的莲池里，朵朵莲花绽放。同学们，花如人，可通人性，你知道"出淤泥而不染，濯清涟而不妖"的莲花象征着什么品格吗？

生：清廉。（如学生不能回答，课件出示"莲——廉"引导学生联想）

2. 师小结，引出课题。

师：从古至今，文人墨客都偏爱莲花之美，更欣赏其洁身自爱。"莲"与"廉"既谐音，又同义。

"莲"乃花中君子，"廉"则为人之正品。廉洁之人就似池中莲花，清白自律，莲花虽生于泥泽，却能洁身自好，不染淤泥。人们常用"莲"比拟谦谦君子，而清正廉洁的高尚品质也一直为世人称颂。

今天就让我们走进清廉文化的书法主题课程：集字临摹练习——清正。

3. 师板书课题，生齐读课题。

师：请齐读课题。

生：集字临摹练习——清正。

#### （二）作品欣赏（小视频，配音乐）

1. 出示书法作品。学生观看欣赏，教师介绍书体与内容。

师：请同学们欣赏几幅清廉文化内容的书法作品。

2. 师生分享观看感受。

师：你最喜欢哪一幅？能说说你的原因吗？

生：我喜欢楷书作品，因为楷书端正大方，最能体现廉洁的君子之风。

师：东汉大家扬雄曾说："书者，心画也。"书法可以用来传情达意，众多的学书者通过书写清廉文化的内容来支持与弘扬"清廉文化"。今天，我们也尝试用手中的毛笔来践行"清廉文化"吧！

瞧，这就是我们今天将要完成的书法作品（手势示意学生说）——

生齐声补充：清正。

## 二、集字临摹，学习书写

### （一）初步感知

1. 课件出示集字作品《清正》。

2. 了解书写内容。

师：同学们，你们觉得"清正"这个词该怎么理解呢？

生1："清正"就是清廉的意思。

生2：我觉得"清正"还有正直的意思。

师小结：没错，"清正"的意思就是为人清白正直，处世廉洁公正。

过渡语：为了帮助大家写出端正大方的作品，老师请来了一位大家十分熟悉的大书法家帮忙，他是谁呢？

生猜测：颜真卿？

### （二）集字临摹

1. 出示颜真卿集字"清正"。

师：咦，这两个字来自哪位书法家的什么碑刻呀？

生：颜真卿《多宝塔碑》。

师：同学们真是火眼金睛呢！今天我们就是通过观察、临摹书法家颜真卿的"清正"二字，来完成这幅作品。

2. 学生拿出作业单，观察讨论，发现结构要点。（师板书：观察）

师：请同学们拿出本节课的集字临摹范本《清正》。为了帮助大家写好作品，书法家颜真卿托老师带给大家一个锦囊，让我们一起来看看里面有什么妙计。请一位同学上台打开锦囊，并读出妙计。

生1上台读出锦囊中的提示。

师：谁能解答？

3. 学生举手回答，教师相机板书。

（1）"清"是什么结构的字？"清"左右两部分的高度与宽度有什么特点？

生2：左右结构。左窄右宽，左短右长。

（2）三点水的书写有什么要求？

生3：第二点向左显露，第三点为"挑点"，"氵"位置呈弧形。

（3）右部分需要注意什么？

生4：重心对正，横画间距匀称，上紧下松，"月"呈长方形。

4. 播放示范视频，学生观看。

师：通过颜真卿的锦囊妙计，我们对"清"的结构有了全面细致的认识，老师忍不住想"一写为快"了，请同学们看大屏幕。（师播放示范视频，黑板板书：临摹）

过渡语：好啦！现在轮到你们书写啦！

5. 提醒双姿，练习5遍。教师巡视指导。

师：请注意写字姿势。

生齐声：头正，身直，臂开，足安，指实，掌虚。

6. 口令组织课堂，教师评改作业。

师：王羲之。

生放笔齐声：兰亭序。

师：颜真卿。

生：多宝塔。

师：同学们写得很专注，而且能坚持比对范字练习，给大家点赞！

这是×××的练习，你能从中学到什么书写经验呢？（此处引导学生从已经指出的结构要点来说，还可根据书写情况适当强调用笔细节。）

生1：横轻竖重的特点他把握得很好，我要向他学习。

生 2：折处的重顿笔，他写出来了。

生 3：他在写钩的时候笔毫换面了，所以钩写得和示范一样漂亮。

师：你们都有一双发现美的眼睛！那你们能提醒他哪些地方还可以写得更好吗？

生 4："清"的右边上部，三横还可以写得紧凑一点，上紧下松。

师：哇，你有和书法家一样锐利的眼睛！

师小结：学会取长补短，并改正不足之处，会让我们的练习更有意义。现在就让我们一起来调整一下吧！（师示范）

同学们也开始挑战一下自己吧！（板书：调整）

7. 学生再次临写 2 遍，教师巡视指导。

8. 出示"正"。

过渡语："清廉"不仅是清清白白地做人，还要正直，要公公正正地办事。接下来，我们一起来书写"正"。

9. 出示课件，回忆"正"的书写要点。

师：请观察范字，并回忆"正"的书写需要注意什么。

（1）出示范字与问题。

"正"的外形是 ＿＿＿＿ 形，首横和末横长度相差 ＿＿＿＿。横竖笔画间距 ＿＿＿＿。

（2）学生观察思考后举手回答。教师相机课件出示答案。

生 1："正"的外形是梯形，首横和末横长度相差不大。横竖笔画间距匀称。

生 2："正"笔画较少，所有笔画都要粗一点。

10. 播放示范视频，学生观看。

师过渡语：同学们分析得很到位，现在将我们观察到的书写要点带进书写中吧！请看示范。

11. 学生练习，教师巡视指导。

师：同学们，请将"正"字临写 2 遍。

12. 展示作业，评议优点与不足。教师评改、示范。

师：谁愿意自告奋勇展示一下自己的书写？

师：谁来当小小书法评论员？

生 1：首先他写得很端正，这是他的优点。

生 2：我觉得他的短竖还可以长一点，离长竖远一点。

师：其他同学同意吗？那谁有办法写准确短竖的位置？

生 3：借笔定位，参考第一横起笔的位置，在第一横起笔位置的正下方。

生 4：可以借助横中线，短竖起笔在横中线上。

师：借助习字格、借助其他笔画定位都是我们常用的纠正结构的办法，给你们点赞！

13. 学生再练习 2 遍，教师巡视指导。

师：同学们赶紧尝试一下吧！

### 三、完成作品

师：突破了单字，接下来我们要开始写作品啦！

**（一）出示完整的楷书作品。了解完整作品的组成部分与注意事项**

1. 提问。

师：这分别是什么形式的作品？它们的书写方式有什么不同？你能说说完整的书法作品包含了哪些部分吗？

生 1：横幅，从右往左书写。条幅，从上往下书写。

生 2：完整的书法作品包括：正文、落款、印章。（课件依次批注）

师：回答正确，掌声送给他们。

2.注意事项。

师小结：在书写作品时，正文要写得端正大气，用墨饱满，上下对正。落款字要小于正文，印章盖在落款的下方，两部分位置不高也不低于正文。

师：现在轮到同学们大显身手的时候啦！请同学们拿出桌洞里的作品纸，从横幅和条幅两种形式中选一种喜欢的形式，用规范的书写方式完成作品《清正》。

**（二）播放音乐，学生书写作品，教师巡视**

学生拿纸准备。教师适时组织课堂：

表扬 ××× 动作迅速，已经将作品纸铺平整了。

表扬 ××× 铺开纸后不是直接写，而是先确定书写形式，并规划书写位置。

表扬 ××× 有看示范的好习惯。

**（三）作品展示，相互评价**

师：每个小组推荐两幅作品来展示一下吧！你最喜欢哪一幅？请你夸夸他！

生 1：我想为 ××× 的作品点赞，他的作品正文和落款的大小、位置很合适，字也写得很端正。

生 2：我为我自己的作品点赞，因为我觉得自己有进步！

生 3：我想给我同桌点赞，他一直坚持着很规范的书写姿势，而且每一笔都写得很用心，每一笔都很到位，起笔收笔都很到位。

生 4：我最喜欢 ××× 的作品，我想给他点赞，因为我觉得他写得最大气，看上去就很"正直"。

…………

师：同学们写得真不错！颜真卿也想为你们鼓掌啦！让我们为自己鼓鼓掌吧！

**四、小结拓展**

师过渡语：在书法家颜真卿的帮助下，我们完成了"清廉"主题作品《清正》的书写。颜真卿能写出如此端庄大气、严谨美观的书法，他在生活与工作中是一个怎样的人呢？让我们走进书法家颜真卿的小故事。

**（一）播放视频，书法家颜真卿廉洁为民的小故事（视频）**

师小结：字如其人，颜真卿竟是一位如此廉洁清正、正直为民的人！其实在海南，在我们身边也有很多这样的人，如有"粤东正气"之称的海瑞，他就是咱们海南人。大家在课后可以走进海瑞故居、海瑞文化园等地，通过查阅资料等方式，去了解他的事迹，去传承"清廉文化"。

**（二）课件出示问题，引导思考**

师：学习的时光总是过得很快，同学们，本节课你们有什么收获呀？

生 1：我学会了用毛笔写"清"。

生 2：我知道了颜真卿不仅是个书法家，还是一个热爱国家的人，是一个很正直的人。

生 3：学习书法要有耐心，要看示范，发现自己写得不好的地方就去不断调整。

生 4：我印象最深刻的还是颜真卿的小故事，他能写这么端庄大气的书法，还是一个清廉正直的人，让我想到了"字如其人"这个词。

### （三）小结点题

师：老师真高兴大家都有自己的收获，说得很好！同学们，清廉就是不去占有不属于自己的东西，学会拒绝不正当途径得来的利益，学会公正地对待身边的每一个人、每一件事。我们是祖国的期望，是民族的未来，我们学习了清廉文化，就要懂得谦让、懂得勤奋、懂得坚强不屈，要坚持内诚于心、外信于人。系好人生的"第一扣"，从小将"清廉"铭记于心，塑造良好的道德品质。希望每个同学都能做到：（生齐读）端端正正写字，堂堂正正做人，清清白白干事！

今天的书法课就上到这里，同学们，再见！

## 学习效果评价设计

学生自我评价表：

在本课学习中你的总体感受是：优秀、良好、一般、需改进。请你给自己的作品评一个等级：优秀、良好、一般、继续加油。

你有主动观察范字吗？是　否

你参与课堂讨论和主动发言的次数与内容：

_____。

本堂课你有哪些收获？

## 教学设计特色说明及教学反思

### 一、教学设计说明

本次书法课程是清廉文化与书法教学的融合，学生先通过了解莲花的特点来理解"清廉"的内容，再通过集字临摹《清正》践行"端端正正写字"的行为习惯，最后通过了解书法家颜真卿的事迹深化对"清正廉洁"的理解，从而知道清正廉洁是一种高尚的道德品质，其于个人、于国家、于社会都是非常重要的，以期形成"廉洁奉公、诚实守信、清白正直"的意识。本教学设计尝试在书写内容、书写习惯与书法家事迹中挖掘清廉文化的教育契机，以此不断扩充书法的教育意义。

### 二、教学反思

1. 不同班级氛围不同，可以上出不同的效果，活泼的氛围和谐，安静的氛围浸润人心。将特点引导为不同班级课堂的特色。

2. 光靠一个视频理解"清正廉洁"的含义是不够的，一堂书法课能否达到这个目的？如不能，则应调整教学目标。

3. 缺少评价。作品展示后，可以让学生上台说说自己满意的地方，也可以让其他学生说说喜欢谁的，为什么。

4. 三点水，第三笔为挑点，学生说错了，应该进行纠正。也可以强调挑点的要求，点画写完后，向下一个笔画起笔的位置出锋。这样才能做到"左窄"。

# 褚遂良（传）《阴符经》局部

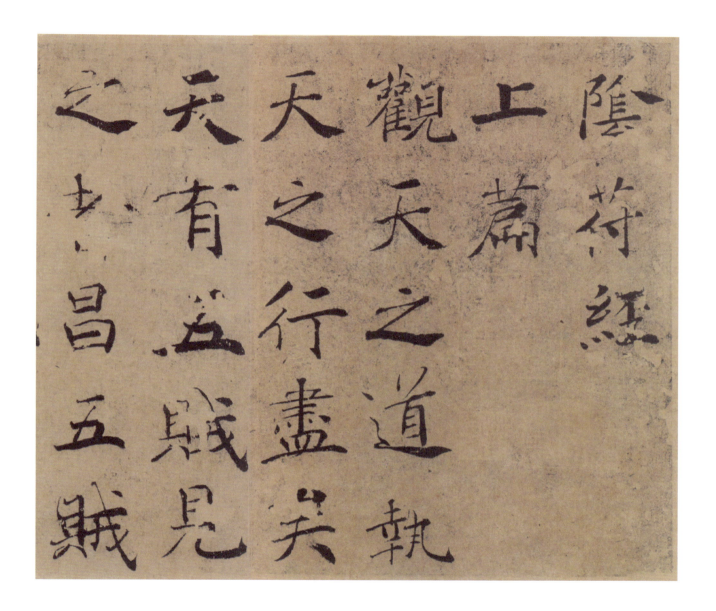

释文：《阴符经》上篇：观天之道，执天之行，尽矣。天有五贼，见之者昌。五贼……

《阴符经》临写视频
临写者：娄光林
手机扫码观看

# 图书在版编目（CIP）数据

中国书法教育. 七 / 郑晓华主编; 湖南美术出版社现代美术教育研究所编. — 长沙：湖南美术出版社,2024.12
ISBN 978-7-5746-0428-5

Ⅰ.①中… Ⅱ.①郑… ②湖… Ⅲ.①书法课 – 教学研究 – 中小学 Ⅳ.①G633.955.2

中国国家版本馆CIP数据核字(2024)第106213号

ZHONGGUO SHUFA JIAOYU （QI）

## 中国书法教育（七）

出 版 人：黄　啸
主　　编：郑晓华
编　　者：湖南美术出版社现代美术教育研究所
责任编辑：冯亚君
责任校对：何雨虹
版式设计：彭　莹
出版发行：湖南美术出版社（长沙市东二环一段622号）
印　　刷：湖南省日大彩色印务有限公司
开　　本：889mm×1194mm　1/16
印　　张：4.75
版　　次：2024年12月第1版
印　　次：2024年12月第1次印刷
定　　价：68.00元

销售咨询：0731-84787105　邮　编：410016
网　　址：http://www.arts-press.com/
电子邮箱：market@arts-press.com
如有倒装、破损、少页等印装质量问题，请与印刷厂联系斱换。
联系电话：0731-85512857